# DES

# PROSCRIPTIONS.

DE L'IMPRIMERIE DE P.-F. DUPONT,

HÔTEL DES FERMES, RUE DE GRENELLE-SAINT-HONORÉ.

# DES

# PROSCRIPTIONS,

## PAR M. BIGNON.

## LIVRES DEUXIÈME ET TROISIÈME.

PARIS,

A LA LIBRAIRIE CONSTITUTIONNELLE

DE BRISSOT-THIVARS,

Rue Neuve-des-Petits-Champs, n° 22.

1820.

# TABLE.

## LIVRE DEUXIÈME.

DES PROSCRIPTIONS POLITIQUES DANS LES MONARCHIES,
OU DU COMBAT DE LA ROYAUTÉ ABSOLUE, SOIT AVEC
LA NOBLESSE FÉODALE, SOIT AVEC LES NATIONS.

# LIVRE DEUXIÈME.

———◦———

*Des Proscriptions dans les Monarchies*
*modernes, ou du combat de la royauté*
*absolue, soit avec la noblesse féodale,*
*soit avec les nations.*

———◦———

## CHAPITRE PREMIER.

*Considérations générales.*

———◦———

Pour porter sur les proscriptions politiques
de l'Europe moderne un jugement éclairé, et
exempt de cette injustice que l'excès même de
la justice peut produire, il faut se représenter
les mœurs générales des temps et en tenir
compte : il faut se rappeler qu'au moment où

9

les peuples sortirent de la barbarie qui avait suivi la destruction de l'empire romain, il s'introduisit parmi eux une fausse science, plus funeste que l'ignorance elle-même; que c'est surtout en politique qu'ont prévalu les doctrines, non-seulement les plus erronnées, mais les plus criminelles, et que le combat, qui est aujourd'hui engagé entre les nations et les princes, ou plutôt entre les nations et les classes privilégiées qui dominent les princes, n'est que le combat de la raison et de la vérité, contre les restes encore subsistans de ces odieuses doctrines.

Le mot de César, qui permet de violer la justice pour régner, semble avoir fait le fond de l'éducation de tous les souverains et des ambitieux qui le sont devenus. Sans examiner quel a pu être le but de Machiavel, en composant son traité *du prince*, il est évident qu'il n'a fait que rédiger en sentences la pratique générale, la pratique avouée de tous les hommes qui passaient alors pour avoir excellé dans la science du pouvoir. Alors un pape, consulté par Charles d'Anjou sur le parti qu'il convient de prendre à l'égard de Conradin, répond : « La mort (1) de

---

(1) *Mors Conradi, salus Caroli. Salus Conradi, mors Caroli.*

« Conrad est le salut de Charles : le salut de
« Conrad est la mort de Charles. » Alors, dans
ses avis au conseil des Dix de Venise, le fameux
Paul Sarpi ne craint pas de dire que, contre les
hommes qu'il est difficile d'atteindre : « Le poi-
« son doit faire l'office du bourreau. » C'est dans
ces temps d'une férocité, tout à la fois raffinée
et grossière, qu'un roi de France, allant à Mont-
Faucon voir les restes de l'amiral Coligny, de
ce même Coligny que peu de temps auparavant
il appelait son père, répétait avec une joie barbare le mot de Vitellius : « Le corps d'un ennemi
« mort sent toujours bon. » Rien peut-être ne
donne une idée plus juste du peu d'horreur
inspiré par les forfaits les plus atroces, que la
naïve indifférence avec la quelle les historiens
contemporains en font le récit. Il semble que
l'assassinat soit de droit naturel, et que le plus
léger intérêt suffise pour lui servir d'excuse.
Écoutons Brantôme : « Entre plusieurs bons
« tours, dit-il, des dissimulations, feintes, fi-
« nesses et galanteries que fit ce bon roi en son
« temps ( le bon roi Louis XI ! ), ce fut celui :
« Lorsque, par gentille industrie, il fit mourir
« son frère, le duc de Guyenne, quand il y pen-
« sait le moins, et lui faisant le plus beau sem-
« blant de l'aimer, lui vivant, et de le regretter

« après sa mort. » Ainsi le crime le plus odieux, l'empoisonnement d'un frère, que l'on caresse au moment où on l'immole, n'est qu'un bon tour, une gentillesse, une galanterie! Le même degré de rigueur qui fait qu'aujourd'hui on exile, on emprisonne ses ennemis, les eût fait égorger il y a trois siècles. Napoléon Bonaparte, il y a trois siècles, tenant entre ses mains les princes de la maison d'Espagne, eût peut-être obéi aux préceptes du temps. Peut-être aurait-il pensé qu'il n'y a point de sûreté pour un prince (1) nouveau, aussi long-temps que les princes dépouillés respirent, et, d'après la doctrine politique alors en usage, ses assassins, ses empoisonneurs, eussent poursuivi dans tous les coins du monde jusqu'au dernier des Bourbons. Que les hommes qui s'obstinent à faire l'apologie de ces siècles barbares, frémissent de leur aveuglement, en reconnaissant quelles en sont les conséquences. On dirait que les princes eux-mêmes, intéressés au maintien des droits établis et reconnus, cherchent à perpétuer ces pernicieuses maximes. On dirait que, par une affectation de perversité politique, quelquefois chèrement ex-

---

(1) *Si puo avvertire ogni principe, che non viva mai sicuro del suo principato, finchè vivono coloro che ne sono stati spogliati.* MACH. Disc. sur Tite-Live.

piée, ils se plaisent à encourager de leurs éloges
ces mêmes usurpations, contre lesquelles ils
ont besoin de se défendre. On connaît le mot
du prince de Conti, frère du grand Condé, à
Richard, fils de Cromwell, qu'il rencontre sans
le connaître : « Olivier Cromwell, lui dit-il, était
« un grand homme, mais son fils Richard est un
« misérable de n'avoir pas su jouir des crimes
« de son père. » C'est Richard que l'on méprise,
c'est à Cromwel qu'on applaudit. Aux yeux d'un
prince de la maison de France, Cromwel avait
fondé une légitimité dont son fils devait se pré-
valoir, et celui-ci est un lâche d'y avoir renoncé.
La morale politique est plus humaine dans le
siècle ou nous vivons, mais nous avons dû nous
rappeler celle des siècles précédens pour nous
mettre en état d'apprécier sans prévention les
événemens qui s'y rapportent.

Quoique la cruauté it, dans tous les pays,
une odieuse uniformité, la différence de l'organisation sociale donne aux proscriptions, dans les
divers gouvernemens, un caractère particulier.
Des nuances distinctives séparent les proscriptions des républiques et celles des monarchies ;
ces dernières ont de même entre elles des dis-
semblances provenant de la dissemblance de
l'organisation respective des États.

Dans les monarchies modernes, les proscriptions politiques ont eu sans contredit plusieurs
causes communes avec celles des monarchies de
l'antiquité. Tous les âges ont vu des proscriptions produites par les rivalités de princes qui
se disputent le trône ou qui, dans les écarts
d'un pouvoir sans bornes, sacrifient l'innocence
à leurs sanguinaires caprices. Ces sortes de proscriptions ne sont que les cruautés d'un homme
et n'inspirent partout qu'un sentiment bien légitime, mais toujours le même, l'horreur du
despotisme royal. Les monarchies modernes ont
offert de plus le spectacle de plusieurs despotismes
aux prises les uns avec les autres, et ces divers
despotismes, tout en se combattant, étaient d'accord en divers pays pour accabler simultanément les peuples. Cette différence donne pour
nous aux proscriptions des monarchies modernes un intérêt d'observation que celles des
monarchies de l'antiquité ne pourraient nous
offrir.

Le système féodal, en créant dans plusieurs
pays un certain nombre de petits états indépendans de la royauté, a vu s'élever entre
les rois et les grands vassaux une guerre qui ne
pouvait se terminer que par l'asservissement de
l'une des parties belligérantes. Le combat a été

opiniâtre, et, dans un conflit où les droits réciproques étaient mal déterminés, les châtimens
infligés par le vainqueur ne pouvaient guère
être que des proscriptions.

La différence de l'organisation du système
féodal dans les grandes monarchies européennes
a eu en outre une influence décisive sur la
forme même de ces gouvernemens, et le plus
ou moins d'extension des cruautés royales a résulté de la nature du combat élevé entre la
royauté et le pouvoir féodal. Ce système a besoin
d'être considéré dans le rapport des chefs des
monarchies avec les grands vassaux, et dans le
rapport des grands vassaux avec les sujets. Je
vais examiner rapidement quel a été, sous ce
double rapport, le mode de son existence en
Allemagne, en France, en Espagne, dans le
Nord et en Angleterre.

Le système féodal, en Allemagne, considéré
dans le rapport du chef de l'empire avec les
grands vassaux, s'était maintenu jusqu'à ces
derniers temps par suite de diverses circonstances. Trois causes surtout avaient concouru
à sa durée.

La première, presque matérielle et purement
géographique, est la dissémination d'un grand
nombre d'états sur un territoire trop vaste pour

qu'un seul d'entre eux , et même celui auquel
était attachée la couronne impériale , pût en-
clore la totalité des autres dans le cercle de sa
puissance et les soumettre à la condition de
sujets.

La seconde de ces causes se trouve dans la nécessité où étaient les empereurs de partager leur
attention entre l'Allemagne et l'Italie. Leurs efforts
pour conserver l'Italie leur enlevaient les moyens
dont ils auraient eu besoin pour asservir l'Allemagne. Afin d'affaiblir leur puissance, les papes
entretenaient contre eux des guerres civiles toujours subsistantes dans l'un et l'autre pays , et
même , par suite de cette division de ses forces ,
une famille impériale, qui a produit plus d'un
grand prince , la maison de Hohenstaufen, suc-
comba dans sa lutte avec la cour de Rome.

La troisième des causes qui a maintenu en Allemagne la puissance des grands vassaux, a été la réformation. Peut-être Charles-Quint, si son ambition n'avait été traversée par cet événement inattendu qui donna une face nouvelle à l'Europe ,
eût-il été capable de les réduire au même point de
soumission où les avait réduits en France la
royauté; mais le même esprit qui a fait éclore en
Allemagne la liberté religieuse, y a protégé l'indépendance politique; et l'existence des états secon-

daires y a été sauvée le jour où l'Allemagne s'est
divisée en parti catholique et en parti protestant :
le lien féodal n'a été véritablement rompu que
par la formation de la confédération du Rhin sous
le protectorat de Napoléon Bonaparte. A la vérité, il n'y eut en cette conjoncture que changement dans les mots et déplacement dans la domination. Le nom seul du lien féodal avait cessé :
la dépendance réelle subsistait, peut-être même
plus rigoureuse qu'auparavant. Seulement la suprématie avait quitté Vienne pour se transporter
à Paris, et elle s'y était établie sous une forme
plus satisfaisante pour l'amour-propre des états
Germaniques. Les relations des princes d'Allemagne avec Napoléon n'étaient plus celles d'un
possesseur de fief avec son suzerain ; c'étaient des
rapports de couronne à couronne, sauf l'inégalité inévitable que met dans ces rapports l'inégalité des forces respectives. Les Électorats devenus royaumes ou grands duchés n'étaient plus
considérés comme des fiefs soumis à une servitude quelconque ; et quoiqu'une sujétion effec-
tive, à l'égard de Napoléon, eût remplacé et
peut-être surpassé celle qui existait à l'égard du
chef de l'empire germanique, les princes, dont
la souveraineté venait d'être proclamée et re-
connue, s'applaudissaient d'une situation qui, si

c était hasardeuse tant que Napoléon ne s'ar-
terait pas dans ses gigantesques entreprises,
devait, après lui, les laisser dans un état d'indépendance placé désormais au-dessus de toute
contestation. Sous ce point de vue, les princes
d'Allemagne faisaient le même raisonnement que
faisaient en France les amis de la liberté. Les
uns et les autres admettaient, sous Napoléon
Bonaparte, une obéissance et une sorte d'asservissement que déguisait, à leurs yeux, la grandeur de celui qui l'imposait; mais ils ne le
supportaient qu'avec l'espoir et la volonté de
recouvrer une liberté entière sous son successeur.
Au reste, la souveraineté absolue dont les princes
d'Allemagne s'étaient trouvés investis par suite de
la dissolution de l'empire germanique, leur a été
conservée au moins nominativement, et comme
droit, par l'acte de la confédération aujour-
d'hui existante. Si l'on en croit les apparences,
il serait de nouveau question d'y attacher des
conditions restrictives. C'est là le procès qui se
plaide en ce moment à Vienne. Nous ne nous
permettrons pas d'en prévoir l'issue. Quoi qu'il
en soit de la situation actuelle des choses, il est
évident, d'après leur état antérieur, d'après la
nature des causes qui avaient maintenu en Allemagne le système féodal, que, si les querelles

dés grands vassaux avec le chef de l'empire n'a-
vaient pas laissé de donner lieu à un assez grand
nombre de proscriptions , ces proscriptions
avaient dû cependant être moins nombreuses
et moins sanglantes que dans la plupart des
autres pays.

Dans le rapport des nobles féodaux avec les
peuples, le système féodal, long-temps très-op-
pressif en Allemagne, s'y est conservé avec tous
ses priviléges. A la vérité l'action de ces priviléges
ne se montre plus sous des formes aussi révol-
tantes, mais leur existence seule n'en est pas moins
un outrage à la raison comme aux droits que tout
homme tient de la nature. C'est là encore un second procès qui se plaide aujourd'hui, mais celui-
ci se plaide devant le grand tribunal de l'opinion.
Comme nation libre, comme Français, comme
hommes, nous ne pouvons que seconder de nos
vœux l'émancipation des autres peuples.

En France, le système féodal, dans la relation
des grands vassaux avec la royauté , offre , comme
en Allemagne, des vassaux riches et puissans , disposant de forces assez considérables pour lutter
avec succès contre l'autorité royale; mais, d'un
autre côté, le pays qui depuis a formé et forme
maintenant la monarchie française, semblait être
appelé à ne composer qu'un seul corps. Les rois

de France, naturellement occupés de ce grand
objet, n'en étaient point distraits, comme les empereurs d'Allemagne, par le besoin de se défendre
dans des pays éloignés : s'ils portaient la guerre au-
dehors, c'était un moyen de plus et une occasion
naturelle de resserrer pour la noblesse féodale les
liens de la dépendance. Les croisades surtout,
qui firent périr entièrement un grand nombre
de familles, et appauvrirent les autres, secon-
dèrent merveilleusement les vues de la royauté ;
et, si ce furent des motifs de piété qui jetèrent
deux fois Saint-Louis dans ces sanglantes entreprises, la piété, en cette circonstance, servit l'autorité royale mieux que n'eût pu faire la politique la plus habile. Ce grand prince porta au
système féodal un autre coup non moins sensible
en se créant, par des moyens législatifs, une
puissance de protection en faveur des sujets
contre la noblesse. Ce moyen d'accroître le pouvoir de la royauté en devenant le bienfaiteur des
peuples, est un des plus beaux modèles qui puissent être proposés à l'imitation des princes. L'ouvrage, si heureusement avancé par Saint-Louis,
l'abaissement de la puissance féodale, sera consommé par ses successeurs, mais ils n'achève-
ront que par la violence et par les échafauds du
pouvoir absolu, ce qu'il avait commencé avec

tant de succès par l'arme innocente de la législation. Cependant, pour abattre la puissance des
grands, la royauté a besoin du secours de la nation : elle appelle les Français à l'indépendance,
elle favorise leur affranchissement, et semble se
plaire à reconnaître leurs droits jusqu'au moment
où les nobles féodaux, changés en courtisans,
tournent contre la nation même le pouvoir absolu de la royauté, et s'en font les appuis pour
exploiter le champ du despotisme (1) en son nom.
Ainsi la noblesse, après avoir opprimé la nation
française en vertu de sa propre puissance, continue de l'opprimer en vertu de la puissance royale,
et l'anéantissement du pouvoir des grands vassaux, qui lui-même était un fléau pour les sujets,
n'a fait que contribuer à rendre plus désastreux,
plus violent et plus difficile à détruire, un autre
fléau qui lui a succédé, le pouvoir absolu établi,
de fait, dans les mains du prince.

Le système féodal en Espagne a suivi à peu
près le même cours qu'en France. Ferdinand-le-
Catholique a été le Louis XI de ce royaume.
Outre que ce prince réunit à sa couronne les
royaumes de Navarre et de Grenade, il abattit
l'orgueil de la haute noblesse et la força de

---

(1) *Omnia serviliter pro dominatione.* Tacite.

fléchir sous le joug de l'autorité royale. Pour compléter la ressemblance, ce fut à Madrid, comme à Paris, un cardinal qui porta les derniers coups à la féodalité. Le cardinal Ximenès fit en Espagne ce qu'a fait parmi nous le cardinal de Richelieu. Les grands, ligués contre lui, contestent la validité de l'acte par lequel il a été nommé régent : à la suite d'une discussion très-vive, qu'il eut avec plusieurs d'entre eux, il les conduisit sur un balcon, d'où il leur montra une batterie de canon qui fit à l'instant même une violente décharge : « Voilà, dit-il, mes « droits : osez-vous les contester ? » Pour affermir le pouvoir de la royauté sur la noblesse, le cardinal Ximenès arme la bourgeoisie, et lui accorde des priviléges. Ainsi, en Espagne comme en France, c'est la haine du peuple contre le despotisme de la noblesse féodale qui favorise le despotisme de la royauté : c'est ensuite, dans l'un et l'autre pays, la noblesse qui devient l'instrument du despotisme royal et de l'oppression du peuple.

La même cause produisit en Danemarck un résultat plus étonnant encore. Du moins en France et en Espagne, les peuples affranchis du despotisme des grands vassaux ne furent conduits que malgré eux au despotisme de la royauté.

En Danemarck, telle fut la haine de la bourgeoisie, des paysans, du clergé même contre les
nobles, que, pour s'affranchir de leurs intolé-
rables vexations, la nation danoise, croyant ne
pouvoir trouver de salut que dans le pouvoir
royal le plus illimité, se dépouilla elle-même de
tous ses droits, et conféra au roi, à perpétuité,
la dictature la plus absolue qu'il soit possible de
concevoir.

Après avoir vu dans tant de pays le système
féodal comme oppresseur du genre humain, il
est temps que nous trouvions une contrée où,
par suite d'une organisation particulière, il en a
été le bienfaiteur. Ce pays, c'est l'Angleterre. La
loi féodale, transportée en Angleterre par Guil-
laume-le-Conquérant comme moyen de despotisme, y est devenue un moyen de liberté. Le
royaume fut partagé par ce prince en sept cents
baronies qui se divisèrent elles-mêmes en soi-
xante-deux mille fiefs. Nul des barons n'était
assez puissant pour se rendre redoutable à l'autorité royale, et la tyrannie du trône pesait également sur tous les sujets, quels qu'ils fussent. De
là se forma entre les possesseurs de fiefs une
étroite union et une communauté d'efforts qui,
de distance en distance, allégea le joug, jusqu'à
ce qu'enfin on parvint à le briser. La question en
Angleterre ne fut point compliquée comme dans

les autres Etats. Il n'y avait en présence l'un de l'autre que deux intérêts, l'intérêt du pouvoir royal et l'intérêt de la liberté publique, les possesseurs de fiefs formant la nation ou du moins étant devenus la représentation de l'intérêt national. Il y eut bien aussi en Angleterre des époques où la noblesse, aveuglée ou corrompue, devint oppressive à l'égard des classes inférieures, et sépara ses intérêts de l'intérêt de la nation, mais ce ne furent de sa part que des aberrations temporaires, et ce pays est le seul où, en combattant pour sa propre cause, la noblesse ait combattu en effet pour la cause de l'humanité.

Si, l'Angleterre exceptée, la noblesse féodale a partout accablé les peuples, d'abord de son propre despotisme, et ensuite du despotisme royal dont elle s'est approprié tous les fruits; si, malgré l'anéantissement de la féodalité dans le rapport des chefs des Etats avec les grands vassaux, il a subsisté et subsiste encore en un grand nombre de contrées, dans le rapport de la noblesse féodale avec la masse des peuples, une tyrannie plus ou moins dure, plus ou moins avilissante pour le genre humain, faut-il s'étonner de la violence de la guerre allumée en ce moment entre l'esprit de liberté et l'esprit de privilége? Cette guerre n'est que le renouvellement

de celle qui a éclaté dans les xive, xve et xvie siècles ; mais grâce aux progrès de la civilisation,
si le mécontentement des peuples est le même,
leurs armes sont différentes. Aujourd'hui ce sont
de modestes plaintes, des remontrances paisibles
dans lesquelles la personne du prince est toujours respectée : c'est un appel à sa raison, aux
lumières de son esprit, comme à la bonté de son
cœur : l'arme légale de l'affranchissement chez
les nations civilisées, c'est l'imprimerie ; mais leur
ôter cette arme naturelle et sans danger, ne serait-ce pas les contraindre à en chercher d'autres?
L'intérêt des trônes, l'intérêt de la noblesse elle-
même est de faire cesser promptement un odieux
système de compression qui pourrait enfanter
des tempêtes. A force d'aimer les temps anciens,
on court risque d'en reproduire les calamités : il
faut prendre garde de reporter les peuples aux
mœurs du moyen âge. Les armes des paysans sou-
levés contre la noblesse étaient alors des fourches
et des faux. Les instrumens du labourage devin-
rent des instrumens de vengeance. Ce fut aussi un
genre de proscription qui dut sa naissance aux
abus du système féodal, proscription étrange
dont la direction est en sens inverse de celle de
toutes les autres. D'ordinaire, c'est des régions
élevées que part la foudre pour frapper les

plaines. Dans le cas dont-il s'agit, c'est de la plaine que s'élève l'ouragan qui va porter la destruction dans les régions élevées. C'est à cette sorte de proscription qu'appartiennent les soulèvemens populaires dirigés contre la noblesse en France, en Espagne, en Angleterre, en Suisse et en Allemagne. Ainsi le système féodal figure, dans l'histoire moderne, 1° comme ayant attiré les proscriptions de la royauté sur les grands vassaux et les chefs de la noblesse; 2° comme ayant tenu et tenant encore en beaucoup de pays la masse des peuples dans un état de proscription véritable, mais fixe, régularisée, légale même, et qui serait légitime, si les droits de l'humanité pouvaient jamais se prescrire; 3° enfin, comme ayant par la violence de son joug provoqué les barbaries exercées sur les gentilshommes par les paysans révoltés dans les xiv°, xv° et xvi° siècles.

Indépendamment des proscriptions qui sont résultées du combat de la royauté avec les grands vassaux et la noblesse, il en est qui ont été produites par le combat direct de la royauté et des peuples. Ces dernières forment, avec celles qui ont frappé la noblesse féodale, l'objet particulier de ce livre. Les proscriptions du peuple par la noblesse et de la noblesse par le peuple seront le sujet du livre suivant.

# CHAPITRE II.

*Des Proscriptions politiques en France.*

Les premiers siècles de notre histoire n'offrent, comme les annales de tous les autres États européens à la même époque, qu'un tableau de meurtre et de brigandage, pareil à celui que présente dans l'antiquité l'histoire des successeurs d'Alexandre. Menacés sur le trône par leurs plus proches parens, c'est dans la mort de ceux-ci que les rois cherchent leur sûreté. « Car de « tuer leurs frères, dit Plutarque, c'estait (1) « une chose coustumière dont ils ne faisoient « point de difficulté. Et tout ainsy que les géo-« métriens demandent qu'on leur confesse cer-« taines propositions qu'ils supposent sans les « prouver, aussy estoit-ce comme un principe « que se permettoyent ces roys-là pour la sû-« reté et la conservation de leur Estat. » Cette

---

(1) Traduction d'Amyot.

10.

précaution cruelle n'arrêtait point alors les ambitieux; mais par une destinée particulière dont nous devons nous applaudir, la France, entre toutes les monarchies de l'Europe, a eu l'heureux privilége de voir cesser chez elle, dès le x° siècle, cette continuité d'assassinats royaux qui, en d'autres contrées, ont encore, si long-temps après, fait errer le pouvoir d'usurpateur en usurpateur. Parmi nous, comme chez les autres peuples, c'est bien une usurpation primitive qui a fondé ce qu'on appelle maintenant la légitimité; mais le sceptre, une fois entré dans la maison aujourd'hui régnante, s'y est maintenu sans qu'il ait été fait de grands efforts pour l'en arracher. Si la France n'a point été déchirée, comme l'Angleterre, par des familles rivales, elle le doit à la loi salique qui, par l'exclusion des femmes, diminuait le nombre des prétendans, et qui, surtout, avait l'avantage d'empêcher que le mariage des princesses ne portât dans des maisons étrangères des droits plus ou moins fondés à la couronne. Une seule famille, dans l'intérieur, a osé nourrir l'espoir de s'élever sur les ruines de la maison qui était en possession du trône, mais encore ce n'était qu'en faisant valoir des droits dont l'esprit national ne pouvait être blessé, parce qu'elle les rattachait à

la branche masculine de la dynastie précé-
dente (1).

Outre la loi salique, une sage coutume en
France préservait encore le trône des ambitions
étrangères. Cette coutume est celle qui , par une
heureuse combinaison, unissait le système électif et le système héréditaire. Sous les deux premières races , et même au commencement de la
troisième , la couronne était héréditaire dans la
maison régnante , mais élective (2) à l'égard des
divers princes dont la maison régnante était com-
posée. Le détrônement d'un prince , dans ce système , ne devant entraîner que la ruine de l'individu , sans entraîner celle de la dynastie , toute
tentative d'usurpation devenait à peu près insensée , en raison de la difficulté du succès. Dans

(1) La généalogie alléguée par les Guises les faisait
descendre de Charlemagne par les mâles. Selon cette
généalogie, Charles, duc de Lorraine, à qui le trône
appartenait après la mort de Louis V, pris à Laon par
Hugues Capet et enfermé à Orléans avec sa femme,
avait eu deux fils, et c'était d'un de ses fils que descen-
daient les Guises.

(2) Telle est la coutume de la nation française, dit
Foulques, archevêque de Reims, que les grands, sans
aucune dépendance, choisissent un prince de la race
pour succéder au roi, quand il est mort.

des siècles, où la science du Gouvernement était si peu avancée, c'était un acte d'une merveilleuse sagesse d'avoir balancé les inconvéniens du système héréditaire et ceux du système électif, en modifiant ces systèmes l'un par l'autre. On conservait l'avantage de la stabilité inhérente au système héréditaire, sans perdre tout-à-fait les avantages du système électif, et l'on évitait, du moins en partie, les inconvéniens de l'hérédité, en étendant l'élection à tous les princes de la maison régnante. Aussi long-temps que le Gouvernement de la France a été à peu près arbitraire, ce mode de succession a pu être regrettable ; mais l'effet de ce système mixte ne pouvait être salutaire qu'autant que l'organisation du corps politique aurait été assez forte pour prévenir les troubles à chaque changement de règne. Cette force d'organisation n'ayant jamais existé, les rois de la troisième race, pour obvier à des dissentions fâcheuses, assurèrent le trône à leurs fils aînés, en les faisant sacrer de leur vivant. Depuis cette époque, la France a été livrée au caprice de la nature, qui, en lui donnant tour à tour de bons et de méchans rois, lui a fait éprouver une alternative, malheureusement trop inégale de bien-être et de misère. À la vérité, elle n'a pas vu souvent, comme d'autres

nations, ces grandes catastrophes de rois qui
passent de l'infortune au trône, ou du trône dans
les fers et à l'échafaud. La possession de la couronne étant établie sans contestation dans la
même famille, lorsque des proscriptions ont eu
lieu, ce n'est point une si haute prétention qui
les a occasionnées. Deux de nos rois seulement se
sont vu disputer le trône, Charles VII et Henri IV.
En mettant à part ces deux exceptions, on ne
s'est disputé en France que le pouvoir exercé à
l'ombre du trône ; mais peut-être, pour avoir un
but moins élevé, l'ambition n'en a-t-elle pas été
moins cruelle, et l'époque des maux les plus sensibles pour les peuples n'est pas toujours celle
de leurs plus éclatantes calamités.

Lorsque de grandes ambitions sont en jeu,
on voit se déployer des caractères énergiques ; et
des prodiges de vertu combattent les prodiges
du crime. C'est ce qui donne en général aux
républiques cette physionomie mouvante, ani-
mée, où chaque citoyen se livre à de hautes
pensées, parce qu'il se sent en droit d'exercer
sa part d'influence sur les destinées de l'État.
A la place de cette agitation tout à la fois dan-
géreuse et vivifiante, les gouvernemens absolus,
où la couronne est affermie dans une famille
par droit d'hérédité, ne présentent en général,

même sous des rois qui ne sont pas des tyrans,
qu'un aspect pâle et décoloré. Les mêmes passions y règnent, mais sans énergie. Sans être
moins criminelles, elles portent de plus une
odieuse empreinte de bassesse et de lâcheté. Assurément alors le peuple est quelquefois tranquille; mais il est tranquille, selon l'expression
d'un écrivain célèbre, *comme le forçat dans
sa galère*. S'il sort de l'engourdissement de la
servitude, ce n'est que pour servir des chefs, dont
l'ambition aspire à gouverner sous le nom du roi;
des chefs dont l'avidité, plus ardente encore que
l'ambition, ne tend, en maîtrisant le roi et le
peuple, qu'à s'enrichir de leurs communes dépouilles. Les rois qui proscrivent ne frappent
qu'un petit nombre de têtes. La masse du peuple
a peu de chose à redouter du roi même, auquel
elle ne cause point d'ombrage; mais les princes
faibles abandonnent toute la puissance de la
royauté à leurs favoris ou à leurs ministres; et
tandis que le monarque porte un cœur généreux et humain, les cruautés subalternes se
multiplient impunément sous son nom. A peu
d'exceptions près, les rois de France n'ont point
été des proscripteurs, dont nous devions accuser la barbarie; ils n'ont été que les instrumens de la proscription, et quelquefois même
ils en ont été les victimes.

C'était, sans contredit, une victime des proscriptions, dont il était l'involontaire ordonnma-
teur, que ce jeune Charles VI (1), dominé par
ses trois oncles, vautours affamés, qui fondent
sur la France comme sur une proie, et s'en disputent les lambeaux. L'administration despotique, mais habile, de Charles V, avait amassé un
trésor de dix-sept millions. Ce n'est point au bien
de l'État que cette somme sera consacrée : arra-
chée à la France, ce n'est point sur la France
qu'elle ira se répandre. Le duc d'Anjou, qui ose
l'enlever à main armée, la destine à un usage
lointain dans son seul intérêt, à la conquête du
royaume de Naples. L'augmentation excessive des
impôts, produite par la déprédation des ressources de l'État, amène bientôt la sédition. Les mail-
lets (2) fabriqués dans un autre temps pour combattre les Anglais, sont tournés par une populace
en fureur contre les agens du fisc, et Paris est livré
à la plus affreuse anarchie. La cour a pris la fuite.
Un homme de bien, l'avocat général Desmarêts,
se place entre elle et le peuple, et obtient de la
cour une amnistie générale. Le duc d'Anjou
rentre d'abord seul dans Paris, et, sans égard

_____

(1) En 1380—82—3.
(2) Révolte des Maillotains, en 1382.

pour l'amnistie, il commande de nombreuses
exécutions. Effrayé par les murmures, il paraît
céder, mais la nuit cache ses vengeances, une
foule de citoyens sont égorgés dans l'ombre, ou
enfermés dans des sacs, et précipités dans la
Seine. Ces horreurs se couvrent du nom d'un
jeune prince qui a promis le pardon. L'infortuné! il est condamné à tromper ses peuples par sa parole, et à proscrire ceux qu'il a
trompés. Il revient: à la vue d'une multitude
suppliante, il est attendri ; il désire arrêter les
supplices : on refoule la pitié de son cœur, et on
lui prêche la cruauté comme une vertu nécessaire au maintien de l'autorité royale. Parmi les
citoyens que l'on sacrifie, se trouve ce même
Desmarêts, ce vertueux magistrat, qui a récon-
cilié le peuple avec son roi : on le punit comme
coupable d'avoir forcé le roi à une paix humi-
liante, mais ce n'est pas là son véritable crime :
son crime est d'avoir fait ses efforts pour sauver
l'État des mains d'un barbare spoliateur, pour
enlever la régence au duc d'Anjou. Afin de justifier la condamnation de Desmarêts, on tâche de
lui arracher quelque aveu qui le déshonore, on
lui dit de crier *merci au roi*, pour que le roi
lui pardonne. « Non, répond ce martyr de l'hon-
» neur et du devoir, j'ai servi au roi Philippe

» son grand-aïeul, au roi Jean, et au roi Charles
» son père, bien et loyaument, ne oncques ces
» trois rois ne surent que me demander : ne
» aussi ne saurait cestui, s'il avait âge et con-
» naissance d'homme : à Dieu seul veux crier
» merci. » C'est un douloureux spectacle que
celui du supplice de l'homme de bien, victime
de sa vertu, mais ce spectacle porte avec lui une
sorte d'amère consolation, en prouvant que même,
au milieu du débordement des plus odieuses passions, il existe toujours des êtres privilégiés, dans
lesquels la nature humaine déploie encore toute
sa grandeur et toute sa dignité.

Cependant la proscription entasse les cadavres. Aussi avides que cruels, c'est de l'or, toujours de l'or que veulent les princes. Le conseil
tout entier ne respire que spoliation. Tout citoyen riche est suspect. Trois cents des principaux habitans de Paris ont été jetés dans les ca-
chots. Déjà la mort de plus de cent d'entre eux a
été suivie de la confiscation de leurs biens; mais
la proscription individuelle est trop lente et trop
improductive : on a recours à la ruse pour augmenter le fruit des extorsions : on fait adroite-
ment répandre la crainte d'une proscription générale : une scène exécrable est concertée, dans
laquelle le roi est condamné au rôle le plus avi-

lissant : on forme sa jeune bouche à prononcer
d'artificieuses menaces , après lesquelles il se
laissera toucher par ceux-mêmes qui ont con-
seillé tant de barbaries. Le peuple est convoqué
pour entendre son arrêt : on demande au roi
*s'il ne reste pas encore beaucoup de coupa-
bles à punir. Oui*, répond-il , fidèle à l'instruction qu'il a reçue , et alors les bourreaux du
peuple , se joignant au peuple , crient avec lui
*grâce et miséricorde.* Le roi semble céder et
annonce qu'il *change la peine corporelle en
peine civile ;* c'est-à-dire, qu'il livre à ses oncles et à leurs créatures toute la fortune des habitans. On n'accorde un pardon général , que
pour se faire un titre à envahir la propriété de
citoyens innocens : on pardonne pour multiplier
la condamnation et l'étendre même à ceux
qu'aucune imputation ne peut atteindre. La vie
est sauve ; mais dans ce jeu effronté de pitié et
de clémence , on réduit un jeune roi à faire de
sa prétendue pitié une spéculation, et de la clémence , un commerce.

Peut-être de tous les princes, Charles VI est-il
celui dont la vie dans son ensemble révèle le
mieux tous les inconvéniens de la monarchie
absolue. La première partie de son règne présente les désastreuses conséquences de la royauté,

confiée à l'enfance d'un roi. La seconde fait voir
tout ce que peut entraîner de calamités, l'affaiblissement de la raison chez un roi, ou
son aliénation mentale. Cette double leçon ap-
prend aux peuples combien est vicieuse toute
organisation sociale qui ne porte pas en elle-
même la faculté d'un remède éventuel contre
la possibilité de ces accidens, ou de tous autres
accidens à peu près semblables. Je jetterai un
voile sur la seconde partie du règne de Charles VI. Ce sont toutes horreurs que revendique
le démon de la guerre civile, uni à celui de la
guerre étrangère. Quant aux proscriptions de la
jeunesse de ce roi, il serait oiseux d'en chercher le principe ailleurs que *dans l'avarice
cruelle et l'ambitieuse cupidité de ses oncles*,
d'hommes qui, dans un bon système de gouvernement, n'eussent dû être que les premiers
membres de la cité, sans exercer d'influence
politique sur les destinées de l'État, ou du
moins sans y exercer d'autre influence qu'une
influence légale et limitée. Dans les proscriptions de la première partie de son règne,
Charles VI est plus à plaindre que coupable :
le malheureux n'a pas même eu connaissance
de celles qui en ont marqué la seconde partie;
mais lorsque la proscription part du trône,

qu'importe que le coup (1) soit porté par le
bras royal ou par d'autres mains qui le portent
pour lui?

Les assassinats ne sont pas dignes du triste
honneur de figurer parmi les proscriptions, et
cette odieuse époque n'est qu'une série d'assassinats. En 1407, le duc de Bourgogne fait assas-
siner le duc d'Orléans, et, comme les mauvaises
maximes accompagnent presque toujours les
mauvaises actions, un docteur de Sorbonne justifie ce meurtre. Il le justifie en proclamant la
doctrine de l'homicide; et, pour comble de scan-
dale, il fonde cette doctrine sur l'Écriture-Sainte.
En 1418, la faction de ce même duc de Bourgogne massacre le connétable d'Armagnac, deux
archevêques, cinq évêques et quarante magistrats. Elle massacre en masse dans les prisons
ceux de ses ennemis qu'elle y a entassés, et ce
massacre dans les prisons, dont nous avons vu
une imitation si cruelle, coûte alors la vie à près
de quatre mille personnes. Incroyable effet de
l'esprit de parti! ce n'est pas une vile populace
qui a conçu, qui a médité ces horreurs; ce sont
les hommes les plus distingués du royaume qui
président au carnage, et, joignant la bassesse à la
férocité, ils saisissent, d'une main sanglante, la

---

(1) *Neque vero multum interest, presertim in consule,
utrum ipse rempublicam vexet, an alios vexare patiatur.*
Cic. *In Pisonem.*

dépouille de leurs victimes. En 1419, le meurtre
du duc d'Orléans est vengé par le meurtre de
son assassin : le duc de Bourgogne, attiré à une
entrevue sur le pont de Montereau, est frappé
par Tannegui-Duchatel sous les yeux du dauphin.
Jeune alors, ce prince put être entraîné à une
perfidie dans laquelle on ne lui laisse voir qu'un
acte de justice. Devenu roi, il se montre clément
et généreux comme l'a été depuis Henri IV.

Ces deux princes avaient, l'un et l'autre, de longues
injures à venger. Si Charles VII eût été cruel, en
reprenant possession de Paris en 1436, il avait à
punir quinze ans de révolte contre lui-même et
de barbaries contre ses partisans. Un an auparavant, en 1435, lorsque la puissance des Anglais
était déjà sur son déclin, la faction de l'étranger
frappait sans pitié tous les habitans qu'elle soup-
çonnait du moindre attachement à la cause du
roi. Trois prélats, les évêques de Terouane, de
Beauvais et de Paris, poursuivaient surtout avec
acharnement les royalistes français. Ils les faisaient exécuter en secret ou noyer dans la Seine.
Cependant lorsque l'avant-garde de l'armée royale
entre dans Paris, le premier mot du connétable
est l'annonce du pardon général : « Si quelqu'un,
« dit-il, a mépris par devers monsieur le roi,
« soit absent ou présent, il lui est tout par-

« donné. » Cette promesse fut suivie d'une amnistie solennelle accordée par le roi, et ce qui
est plus beau, cette amnistie fut fidèlement exécutée. On n'inquiéta pas même les trois évêques,
bourreaux des royalistes, et on ne leur demanda
point compte du sang qu'ils avaient versé. Quand
Charles VII, après quinze ans de rébellion, accorde un pardon sans réserve, par quel funeste
secret est-on parvenu, en 1815, à empêcher
l'effet du pardon que prononçait le cœur de
Louis XVIII? Deux causes ont contribué à cette
différence. Pendant l'occupation du trône des
rois de France par un monarque Anglais, c'était
surtout la haute noblesse, le clergé, les parlemens, les princes eux-mêmes, qui avaient soutenu les prétentions de l'étranger et combattu
contre Charles. L'impunité en France n'a été que
trop souvent assurée au clergé et à la noblesse.
En 1815, quelques nobles se sont énorgueillis
de n'avoir pas abandonné le roi; mais qu'avaient-
ils fait au 20 mars pour le défendre? Après avoir,
par l'odieux de leur conduite, facilité le retour
d'un redoutable ennemi, où ont-ils paru pour
arrêter sa marche? Sans avoir tenté aucun effort
pour la cause royale, ils apparaissent trois mois
après, insolens, comme si la victoire eût été leur
ouvrage, et ce sont eux, dont la fureur, plus forte

que la bonté royale, rend le pardon illusoire et
ensanglante l'amnistie. Une autre cause explique
encore la différence de la conduite tenue aux
deux époques. L'expulsion de l'étranger signale
celle de 1436. La France gémit, en 1815, sous
l'invasion étrangère, et c'est de l'ascendant de
l'étranger que la classe aristocratique s'arme
contre la nation française, contre le roi lui-
même : faisant violence au cœur du roi, c'est à
l'étranger qu'elle désigne des victimes, c'est par
l'étranger qu'elle fait demander au gouvernement les plus illustres têtes. Et cependant l'événement des cent jours ressemble-t-il aux quinze
années de la révolte contre Charles VII? Les cent
jours ont-ils rien vu qui ait quelque analogie
avec les fureurs de la faction anglaise pendant
quinze années, avec les atrocités auxquelles
s'abandonna, en 1435, le triumvirat épiscopal?
Napoléon Bonaparte, dans les cent jours, pros-
crivit dix-sept personnes absentes. Quoique nulle
d'elles ne pût être atteinte, tel était l'esprit d'humanité qui animait tous les Français, ceux-mêmes
qui servaient de plus près l'autorité existante,
que cette mesure fut repoussée par une impro-
bation universelle. Dans la Chambre des représentans, un individu osa proposer des mesures
de rigueur contre les partisans du gouvernement

royal , et sa voix fut aussitôt étouffée par un cri unanime d'indignation. Est-ce là un peuple qui méritât d'être décimé , un peuple qu'il fallût livrer à des cours prévôtales et à des bandes vagabondes d'assassins ?

L'entrée d'Henri IV dans Paris ( 1 ), fut, comme celle de Charles VII , le jour d'une réconciliation sincère. On sait à quel prix la noblesse lui vendit sa soumission, mais enfin, vainqueur et maître , il promit le pardon et tint parole. Nul de nous ne doute que les sentimens qui animèrent Charles VII et Henri IV, ne soient dans le cœur du roi. Combien ne sont-ils pas blâmables , les hommes qui ont entraîné son gouvernement à des actes si contraires à la bonté naturelle de ce prince, à son humanité, et nous ajouterons encore avec justice, si contraires à la véritable politique, aux plus chers intérêts de la royauté ? Dans les deux époques de 1436 et de 1594, la royauté eût pu, sans paraître blesser les lois de la justice, exercer de sévères vengeances, d'après un intérêt plus ou moins bien entendu, mais enfin, d'après un intérêt royal. Il nous est agréable de reconnaître que nulle part la

_____

(1) Le 22 mars 1594.

royauté, n'a, dans des conjonctures pareilles, montré une indulgence si bien calculée; et quels princes ne peuvent s'honorer de marcher sur les pas d'Henri IV et de Charles VII (1)?

Entre les causes graves que j'ai indiquées comme ayant donné lieu à des proscriptions en France, j'ai placé la longue lutte de la royauté contre les grands vassaux et contre la noblesse féodale. Pour ne pas suivre dans toute sa durée la progression du combat, je saisirai seulement ses deux principales époques, le règne de Louis XI, et celui de Louis XIII. De grandes cruautés ont marqué ces deux règnes, mais, il faut le dire avec franchise, de toutes celles que présente notre histoire, il n'en est point que la plus nombreuse partie de la nation eût pu voir avec autant d'indifférence, si, forcée de servir l'une ou l'autre de ces ambitions également oppressives, elle n'eût été condamnée à subir les maux qui suivent ou la défaite ou même la vic-

---

(1) Les torts de la jeunesse de Charles VII ont nui à la réputation qu'a plus tard méritée ce prince. Les quinze dernières années de sa vie furent marquées par une foule d'institutions utiles. Dans ce nombre, les amis des libertés de l'Église gallicane comptent avec reconnaissance la pragmatique sanction.

11

toire. Fatiguée de la foule de ses tyrans, lorsque
la France a formé des vœux pour le succès de la
cause royale, c'était surtout dans l'espoir de
trouver une existence plus douce dans l'unité de
tyrannie. Le calcul était juste : il n'y avait que la
transformation de cette multitude de tyrannies
en une tyrannie unique, qui pût amener la
chute de celle-ci ou du moins préparer sa méta-
morphose en un gouvernement constitutionnel.

A l'avénement de Louis XI au trône, le duc
de Bourgogne, à qui il doit de la reconnaissance,
le supplie de pardonner à ceux qui ont pu lui
déplaire. Louis XI promet une amnistie, mais il
y met des restrictions. Charles VII n'en avait
mis aucune à la sienne. C'est un premier contraste entre ces deux princes.

Le règne de Louis XI, si fécond en proscriptions de diverses sortes, commence par nous en
offrir une d'une nature particulière : le principe
de celle-ci est *l'esprit de contradiction*. Il n'est
pas rare de voir des princes se plaire à prendre
une marche opposée à celle qu'a suivie leur
prédécesseur ; mais ici cette disposition est
portée à l'extrême. Ce n'est pas seulement un
roi qui détruit l'ouvrage d'un roi ; c'est un mau-
vais fils qui trouve des délices à détruire l'ouvrage de son père. Dans cette passion aveugle,

il proscrit, par haine de son père, et les hommes
et les choses; en même temps qu'il fait empri-
sonner, qu'il exile, qu'il dépouille les meilleurs
ministres du dernier règne, il en proscrit les
plus sages lois, il proscrit la pragmatique et
avec elle les libertés de l'église Gallicane : il proscrit le bonheur public, parce qu'il est le résultat des travaux et de la sage administration
de Charles VII. Puisque la France était destinée
à être gouvernée par un tel roi, nous devons
nous féliciter que le dessein formé par ce prince
de dompter les grands vassaux redoutables
pour le trône, l'ait contraint à quelques ménagemens pour la nation dont le secours lui était
nécessaire.

Pour préparer l'abaissement des grands vassaux, Louis XI commence par faire la guerre à
leurs titres. Il prélude à l'attaque du pouvoir par
l'attaque des noms. Le duc de Bretagne se qua-
lifiait *duc, par la grâce de Dieu.* C'est, selon
Louis XI, à la royauté seule qu'appartient la
puissance, dont *la grâce de Dieu* est la source;
il n'y a que la souveraineté des rois qui soit
souveraineté *de droit divin.* Il somme le duc
de renoncer à cette qualification; celui-ci se
soulève contre cette défense, et son mécon-
tement, appuyé de celui de plusieurs autres

grands vassaux et de la noblesse, amènela formation de la ligue, qu'ils nomment *ligue du bien
public*. « Leur intention, disent-ils, n'est que de
» chasser d'auprès du roi ses conseillers perni-
» cieux pour parvenir au soulagement du pauvre
» peuple. » On sait comment se termina cette
guerre, comment les intérêts du pauvre peuple y
furent soignés et ce qu'il en advint pour le bien
public, dont elle avait usurpé le nom. Il en sera
de même de tous les mouvemens qui auront
lieu, jusqu'à la régénération complète de la monarchie. L'intérêt des peuples n'est en sûreté,
que quand ils sont appelés eux-mêmes, non
par de grands vassaux, mais par les lois, à le
surveiller, à le défendre. Le peuple fut encore
trompé par les mots dans la guerre du bien public ; mais il le fut moins que dans les révoltes
précédentes, et il ne prit pas à celle-ci une part
bien vive. Il commençait à reconnaître que le
combat ne s'engageait point pour lui rendre ses
immunités et ses franchises ; mais pour décider
si les grands conserveraient un pouvoir absolu,
indépendant du pouvoir royal. L'excès de l'un
et de l'autre lui était odieux, et dans le choix du
mal, il ne pouvait s'affliger de voir succomber
ceux en qui, au lieu de protecteurs, il ne voyait
que des ennemis.

L'histoire, toute sévère qu'elle s'est montrée pour Louis XI, en retraçant la cruauté de ses proscriptions, a étendu jusqu'à un certain point sur elles, l'excuse de la nécessité. C'est une de ces fausses maximes de la politique des temps barbares que celle qui admet la cruauté comme nécessaire. Tout ce que des tyrans obtiennent par l'arbitraire des assassinats ou par la hache des commissions juridiques, des princes humains peuvent l'obtenir par l'effet d'une législation éclairée, et, quand la rigueur est indispensable, par l'application sévère des lois. Dira-t-on qu'il fallait commencer par dompter les grands vassaux, pour que la royauté pût s'occuper ensuite avec succès du bonheur du peuple ? L'allégation serait sans validité : elle serait surtout repoussée par un illustre exemple. Sans opprimer les grands vassaux, sans les proscrire, Saint-Louis avait su briser plus d'un anneau de la chaîne féodale, et sa prudence réfléchie avait, par la seule puissance de *ses établissemens*, fait descendre jusque dans les hameaux les bienfaits de la royauté. Depuis surtout que les états-généraux, mal instruits eux-mêmes de leurs droits, avaient, sous Charles V, laissé échapper de leurs mains la puissance législative, c'était avec l'arme seule de la législation que la

royauté devait tendre à détruire par degrés le
pouvoir des grands. D'ailleurs , depuis le règne
de Charles VI, les prétentions des grands se bor-
naient à gouverner sous les rois : de pareils auxiliaires dominaient , il est vrai , la royauté elle-
même. Un prince du caractère de Louis XI dut
s'en indigner ; mais cet homme , si habile à dissi-
muler , ne pouvait-il donc , sans fraude , sans
parjures , dénouer lentement le nœud , au lieu
de le trancher ? Et n'y a-t-il , pour se délivrer
d'un pouvoir qui déplaît , d'autre moyen que
d'abattre la tête de ceux qui l'exeroent ? Les
cruautés de Louis XI et de Richelieu sont
odieuses , surtout parce que des voies plus dou-
ces eussent pu conduire au même but. Cette possibilité n'échappa point à Louis XI ; mais ce
prince , qui faisait de l'art de tromper sa plus
chère étude , n'imagine , pour atteindre ce but ,
que des ruses insignifiantes et grossières. En tendant le piége , il le montre aux grands vassaux,
et les invite à s'y laisser prendre. Un des moyens
qu'il imagine pour les enlacer dans ses filets, est
la création d'un ordre de chevalerie , c'est à l'aide
du cordon de Saint-Michel qu'il espère enchaî-
ner le duc de Bretagne. Le duc refuse un honneur qu'il faut acheter par un serment destruc-
tif de ses droits, et la guerre va s'allumer pour

le punir de sa prétendue rebellion. Éloignons-
nous de Louis XI. Laissons-le dans ses fureurs
sanguinaires assister aux exécutions et présider
aux tortures. Quel prince que celui dont le favori fut appelé *le bourreau du roi !* Quelque
juste que fût la haine du peuple contre le despotisme des grands, quelqu'horreur que nous
inspire encore le souvenir des vexations de la
féodalité, quel Français ne sent pas son cœur
soulevé d'indignation, en voyant, par le raffinement le plus exécrable, le sang de Jacques
d'Armagnac, duc de Nemours, ruisseler sur la
tête de ses enfans !

S'il pouvait exister un plus grand crime que
celui de se plaire à verser le sang des hommes,
ce serait celui de corrompre la justice à sa
source, de transformer les juges en bourreaux,
et de partager, entre ces juges bourreaux, les
dépouilles de leurs victimes. Ces atrocités sont
journalières sous Louis XI. La confiscation suit
toujours le supplice, et ce sont les premiers personnages de l'Etat qui se montrent les plus ardens à envahir les richesses des proscrits. Quelle
idée morale peut-il exister dans une cour où le
*sire de Beaujeu*, assis parmi les juges de René
d'Alençon, comte du Perche, a déjà fait le choix
des biens du condamné qui seront son partage ?

Horreur, horreur à jamais, aux juges révolutionnaires de 1793. Ce sont des forcenés dans le délire : ce sont des furieux déchaînés , des tigres
dont rien ne peut assouvir la rage ; mais ce n'est
point le calcul d'un intérêt pécuniaire qui dicte
leurs arrêts ; ce n'est point entre leurs mains
que passera la dépouille des condamnés. Le juge,
le bourreau de 1793 est aussi criminel , plus
criminel, si l'on veut, que le juge qui condamne
par l'ordre de Louis XI ; mais lequel des deux
est le plus vil ?

Il n'entre pas assurément dans ma pensée de
justifier la rebellion. Qu'il soit flétri d'un opprobre éternel, le nom de tout transfuge qui a
combattu contre sa patrie. Le connétable de
Bourbon n'échappe point à cette triste destinée :
l'infamie n'attend pas sa mort pour s'attacher à
sa poursuite. Quel homme de bien n'applaudit à
la généreuse réponse faite par le marquis de Vil-
lane à Charles-Quint : « Je ne puis rien refuser
« à votre majesté, dit ce loyal Espagnol, mais je
« lui déclare que si le duc de Bourbon loge dans
« ma maison, je la brûlerai dès qu'il en sera sorti
« comme un lieu infecté de la perfidie, et par
« conséquent indigne d'être jamais habité par
« des gens d'honneur. » Un trait plus déchirant
encore avait déjà frappé le connétable au mo-

ment même où il goûtait la criminelle joie de la
vengeance. « Pleurez sur vous, monsieur, lui
« avait dit Bayard mourant, pleurez sur vous-
« même : pour moi, je ne suis point à plaindre.
« Je meurs en faisant mon devoir. Vous triom-
« phez en trahissant le vôtre. Vos succès sont af-
« freux et le terme en sera funeste. » La prédic-
tion ne tarda pas à s'accomplir, et peut-être, fa-
tigué, sinon du remords qui suit un grand crime,
du moins des humiliations dont l'abreuvait l'Espagne, et de la honte d'un crime mal récompensé,
Bourbon fut-il heureux d'en terminer le cours
par une mort trop glorieuse pour un traître.

Avant l'évasion du connétable, François Ier,
dans un entretien avec ce prince, lui avait dit
es belles paroles : « Soyez fidèle à votre roi et à
« votre gloire. » Et il avait cherché à le tranquil-
iser sur l'avenir, quelles que fussent les suites du
procès dans lequel Bourbon voyait la menace de
sa ruine. « Tout cela eût été bon, observe Bran-
« tôme, si M. de Bourbon eût été un fat. » Aux
yeux de ce courtisan, le duc de Bourbon eût été
un fat de croire à la loyauté du roi : il eût été un
fat d'entendre la voix de l'honneur qui lui défen-
dait de se joindre aux ennemis de la France ; il
eût été un fat de craindre de verser le sang français dans une bataille où le roi de France est fait

prisonnier. C'est là le respect pour le roi, la confiance en sa parole, le dévouement à sa personne dont se piquait alors la noblesse : c'est là l'héroïque fidélité dont les descendans de cette vertueuse noblesse font maintenant tant de bruit. Mais s'il est impossible de pardonner au connétable et aux gentilshommes complices de sa trahison d'avoir pris part à l'affreux projet de démembrer la France, François I$^{er}$ est-il exempt de blâme ? Lorsqu'esclave des caprices de sa mère, il seconde ses ressentimens ; lorsque, dominé par son favori Duprat, que Bourbon accablait de justes mépris, il encourage ou tolère du moins la haine acharnée à la spoliation du connétable, n'est-ce pas lui qui pousse volontairement à la défection un prince de la maison royale, un héros l'espoir et l'amour de la patrie, un guerrier, enfin, déjà illustré par de beaux faits d'armes, que tout devait attacher à la défense du trône et de l'Etat ? Des tracasseries de cour, un procès inique dans lequel l'influence du nom royal tyrannise la conscience des juges, des persécutions même ne sont pas une excuse pour la révolte ; mais dans les complaisances du roi pour l'animosité de sa mère et de Duprat contre le duc de Bourbon, ce prince irritable et ardent n'a-t-il pas pu voir une proscription véritable ? Pour juger combien sont

amers les fruits de l'injustice, que les rois con-
templent François I<sup>er</sup> à Pavie.

Comme on a trop loué Louis XI *d'avoir
mis les rois hors de page,* on a bien plus mal
à propos encore exagéré le prétendu mérite attribué au cardinal de Richelieu, d'avoir porté les
derniers coups aux restes du système féodal. Richelieu a frappé les grands, parce que les grands
ont refusé de reconnaître son pouvoir. Ce n'était
point la féodalité qu'il poursuivait en eux, c'étaient
des rivaux, des ennemis de son autorité person-
nelle, qu'il exterminait en paraissant n'agir que
pour l'intérêt de la royauté. Si l'esprit d'indépendance des grands n'était pas encore éteint; si, sous
Henri IV, cet esprit orgueilleux avait égaré le
maréchal de Biron, le juste châtiment de ce
grand criminel était une leçon qu'un prince habile et humain n'aurait pas eu besoin de renouveler. Cette leçon n'avait point manqué son effet. La hauteur des grands s'était singulièrement
abaissée, leur fierté s'était assouplie au-delà de
toute mesure, même sous la régence de Marie de
Médicis. Un gouvernement dirigé par Richelieu,
et qui n'eût eu pour objet que le bien public,
aurait-il trouvé de redoutables adversaires dans
des hommes qui avaient rampé sous la supré-

matie de Concini (1) et de Luynes? Fallait-il des
échafauds pour faire plier sous la volonté royale
une noblesse qui avait plié sous la main de pareils maîtres? A la vérité, Luynes et Concini
avaient abandonné les trésors de l'Etat à l'avidité des grands ; mais Richelieu, s'il n'eût voulu
que l'ordre et l'exécution des lois, n'était-il pas
assez habile pour tenir les grands dans le devoir,
sans le secours des proscriptions? C'est à sa propre vengeance et non à l'État qu'il immola tant
de nobles victimes. Je ne connais, à cet égard,
qu'une exception. Le seul trait de sévérité, digne d'éloges dans Richelieu, est peut-être celui
qui blessa le plus profondément une noblesse ac-
coutumée à l'indiscipline. Je suis loin d'approuver l'ordonnance qui avait établi la peine capitale contre le duel ; mais la noblesse croyait
pouvoir impunément désobéir aux lois ; c'était
servir l'Etat que de mettre un terme à une fatale
impunité. Dans cette circonstance, ce n'est point
Richelieu, c'est la loi qui fait tomber la tête d'un

(1) Concini, devenu maréchal d'Ancre, avait pour
son service personnel quarante gentilshommes à mille
livres de gages. On sait par quel nom il désignait *ces
fiers représentans de l'honneur français,* comme les appelle M. de Châteaubriand.

Montmorenci. C'est par l'application inflexible
des lois qu'il faut apprendre aux Montmorencis
eux-mêmes à s'y soumettre, au lieu de les livrer
à des commissions judiciaires qui vengeront
l'injure du ministre bien plus que celle du roi.
La justice, et non la multiplicité des châtimens,
produit seule une terreur vraiment salutaire. La
mort de Biron, l'exécution du duc de Bouteville
étaient des actes rigoureux, mais des actes que
la loi avait prescrits. En ne se livrant qu'à des
actes semblables, Richelieu eût anéanti de même,
mais sans secousse, le système féodal, et il eût
concilié l'humanité avec la justice.

L'un des torts du cardinal de Richelieu est
d'avoir quelquefois donné à la justice même le
caractère de la cruauté! « Un homme de ma
« qualité condamné à mort pour péculat! » disait le maréchal de Marillac, et ce maréchal
avait raison. Jamais jusqu'alors on n'avait exigé
dans les commandans des armées un désintéresse-
ment qui justifiât un châtiment aussi sévère.
On avait vu sous Louis XII le maréchal de Gié
soumis à une accusation de cette espèce, mais ce
n'était qu'un prétexte pour le punir d'avoir
été plus fidèle au roi que complaisant pour la
reine. Pour satisfaire la vengeance d'Anne de
Bretagne, parmi les griefs qu'on imputait au

maréchal-de Gié, on avait mêlé le reproche de
concussion. La reine portait dans cette affaire
un implacable acharnement, mais quoiqu'affai-
bli par l'âge et dominé par l'ascendant d'Anne
de Bretagne, le prince qui régnait était encore
Louis XII, et Louis XII n'avait pas des Laubar-
demont pour juges. Le maréchal de Gié en fut
quitte pour payer la solde de quinze soldats qu'il
avait employés à son propre service. En suppo-
sant que le cardinal de Richelieu voulût imposer aux généraux la loi d'une probité incorrup-
tible, quand des mœurs toutes contraires étaient
généralement établies, lui appartenait-il de
commencer la réforme par le supplice d'un maréchal? était-ce à lui de faire prononcer un tel
supplice et pour un tel crime, lui qui disposant
des ressources de la France comme de sa fortune privée, plus riche que le roi, se croyait généreux en lui prêtant quelquefois pour le service public, des fonds qu'il avait détournés du
trésor de l'État?

Ce qui rend la cruauté si dangereuse dans les
ministres , c'est qu'elle passe presque toujours
du cœur du ministre dans le cœur du prince :
les funestes conseils des ministres conduisent les
princes à la transformer en vertu , à la regarder
comme un devoir du trône. Toute la cour, toute

la France demandent grâce pour le duc de Montmorenci : la religion mêle sa voix à celle du
peuple entier : des prières publiques conjurent le
ciel de faire descendre la clémence dans le cœur
de Louis. Des cris supplians retentissent sous les
fenêtres du palais : « Si je suivais les inclinations
du peuple, dit froidement Louis XIII, je n'agi-
rais pas en roi. » Docile aux leçons de Richelieu,
on le verra aussi cruel, et, par un procédé plus
odieux, malgré les courageuses représentations
du président de Bellièvre, voter lui-même la
mort du duc de la Valette : on le verra, plus lâche encore, se faire le dénonciateur de son favori, et l'abandonner au ressentiment de son ministre. C'est peu pour Richelieu d'avoir mérité
la haine ; il force la haine à s'étendre jusqu'au
roi, qu'il associe à ses crimes. Quel est le lecteur
endurci qui, en parcourant cette sanguinaire
époque, ne plaigne l'imprudence de Chalais, ne
s'indigne du supplice d'Urbain Grandier, et ne
donne des larmes à l'infortuné de Thou ? Quel
est l'homme qui ne fasse aussitôt un effroyable
rapprochement entre Richelieu et Louis XI, entre les Laubardémont, les Laffémas et Tristan
l'Hermite ? Louis XI couvrait ses crimes du man-
teau royal ; Richelieu, de *sa soutane rouge* (1).

_____

(1) Richelieu disait : « Je coupe, j'abats, je fauche

12

Ce dernier ne se contentait pas d'être barbare ; il érigeait sa barbarie en doctrine. Un mot qu'il devait au père Joseph, le mot de *raison d'état*, lui servait à justifier sa tyrannie. Ce mot a fait une effroyable fortune. C'est un bouclier banal, sous lequel croient être inattaquables la méchanceté et la sottise. Il n'est pas un ministre ou cruel, ou inepte, qui n'allègue *la raison d'état* comme justification des mesures les plus imprudentes ou les plus coupables. Devons-nous être surpris du faible qu'ont quelques-uns d'entre eux pour les capucins ?

Ce qui frappe le plus les hommes, ce qu'ils admirent en tremblant, c'est la force, et à ce titre, ils admirent Richelieu ; mais, si le pouvoir doit inspirer le respect, il ne doit pas inspirer la terreur. La force ne doit pas avoir la cruauté pour compagne. Plus d'un prince habile a prouvé qu'on peut être fort, sans le secours des bourreaux.

La belle partie du caractère de Richelieu est son habileté à conduire les affaires du dehors. C'est là qu'il est beau d'imposer aux États rivaux la terreur de son génie. Dans cette partie de l'homme d'état, il fut, sans contredit, un grand

---

« tout : puis je couvre tout de ma grande soutane
« rouge. »

maître. S'il ne fit que suivre le système établi
par Henri IV , il le suivit en homme supérieur ;
en homme qui eût été capable de le fonder lui-
même.

Il est difficile de parler de Richelieu, sans que
le nom de Mazarin se présente à l'esprit. Maza-
zarin est digne du parallèle : il poursuivit l'ouvrage commencé, et ce fut lui qui le consomma ;
mais ce n'est point sous ce rapport que ma pensée les rapproche l'un et l'autre. Mazarin oublia
toutes les injures ; Richelieu n'en pardonna aucune. Richelieu fut proscripteur , et Mazarin fut
proscrit. C'est au milieu de la guerre ridicule
de la fronde, que ; proscrit par le parlement, ce
ministre défend nos intérêts politiques avec la
plus grande activité , comme avec le plus rare
talent; qu'il adresse les instructions les plus sages
et les plus savantes aux négociateurs français à
Munster, et conclut le traité qui acquiert à la
France la possession de l'Alsace.

Le règne de Louis XIV nous offre bien aussi
quelques proscriptions politiques ; mais ce règne,
d'ailleurs si brillant et si grand même dans les
revers , nous fournira surtout une douloureuse
moisson , sous le rapport des proscriptions religieuses.

Sous Louis XV ; et, avant la révolution ; sous

12*

Louis XVI, les proscriptions politiques n'ont
été que des persécutions de cour. Quoiqu'elles
fussent des crimes, elles n'ont guère été remar-
quables que comme des lâchetés. Une seule proscription a eu quelque éclat, celle de Lally, Avant
que la France imitât l'Angleterre dans la conquête
de la liberté, on dirait que la cour de Versailles,
saisie pareillement de la manie de l'imitation,
ait voulu parodier l'une des injustices politiques
du gouvernement anglais. Le procès de Lally semble n'être que la contre-partie de celui de l'amiral Byng. Le temps n'était pas bien choisi pour
cette épreuve. Ce n'est pas sous le règne des maîtresses, dans les époques d'avilissement, que de
pareils actes peuvent avoir quelque utilité. La
cruauté, comme moyen politique, n'a d'effet
que là où il y a exaltation des esprits et non abâ-
tardissement. Il n'est pas donné à tous les gouvernemens de commander la victoire par l'é-
chafaud.

Comme il est démontré que Saint-Louis,
*par ses seuls établissemens,* a fait plus pour la
destruction du système féodal que les rois
qui ont versé le sang des grands vassaux ; que
la royauté, par l'usage habilement ménagé
de la puissance législative dont elle s'était trou-
vée investie, eût pu obtenir les résultats qui

n'ont été obtenus que par le sacrifice de tant d'illustres têtes, on devra reconnaître que jamais la
proscription n'est nécessaire ni la cruauté excu-
sable; que la cruauté et la proscription ne sont
pour la royauté que de dangereux auxiliaires,
puisqu'ils n'établissent sa puissance que sur la
force, et sa durée que sur la terreur qu'elle inspire.

Dans les beaux jours de 1789, la France dut
se flatter que le temps des proscriptions était à
jamais passé pour elle. En 1814, elle l'a cru une
seconde fois. Quand cette croyance cessera-t-elle
donc d'être une erreur ?

S'il n'est pas un homme de bien, de quelque
opinion qu'il soit, qui ne déteste les proscriptions dont notre révolution a été souillée, nul
n'en éprouve une plus profonde horreur que les
généreux citoyens qui avaient, en 1789, embrassé
avec le plus d'enthousiasme les principes proclamés alors comme objet et comme but de cette
révolution. Nous devons, certes, les haïr, les
odieux proscripteurs, dont les crimes ont désho-
noré la plus belle des causes et compromis cette
liberté conquise enfin après tant de siècles d'esclavage. Étaient-ils tous ou trompeurs ou trompés,
insensés ou barbares ? Ils étaient l'un et l'autre ;
ou du moins l'aveuglement et la mauvaise foi

marchaient sous les mêmes bannières : la perfidie excitait l'ignorance, et la crédulité qui rêvait l'égalité de la loi agraire, n'était que l'instrument des adversaires de toute égalité devant la loi. L'or étranger (qui peut maintenant en conserver le moindre doute?) l'or étranger coulait pour les bourreaux et payait chaque goutte de sang français. Au moment où les flambeaux de la discorde étaient prêts à s'éteindre, un génie infernal venait sans cesse les rallumer ; et si la France avait ignoré quels étaient en Europe ses plus mortels ennemis, trente années d'une conspiration active contre elle ont dû lui apprendre à les connaître. *La liberté ou la mort,* criait une populace effrénée. A une autre époque elle avait dit, et un roi de France avait dit avec elle : *la mort ou la messe :* mais l'alternative dans la nuit de la Saint-Barthelemi n'était offerte qu'à Henri de Bourbon. Dans les proscriptions religieuses, il fallait être prince pour avoir la liberté du choix. Périsse à jamais le souvenir également exécrable et de la Saint-Barthelemi, et des proscriptions de 1793; périsse à jamais le souvenir du jugement barbare qui, au mépris de la Constitution jurée par Louis XVI envers la France et par la France envers Louis XVI, présenta au monde le spectacle inouï d'un roi de France mourant sur l'échafaud !

que tous les peuples apprennent, par ce terrible
exemple, combien est atroce en elle-même et
funeste dans ses suites toute condamnation illé-
gale et contraire à la loi fondamentale de l'Etat ;
là ou de pareilles condamnations n'auraient porté
que des peines révocables, puissent les gouvernemens, mieux éclairés, se hâter d'y mettre un
terme!

Ce n'est qu'en frémissant que nous jetons
nos regards sur la redoutable assemblée qui pro-
nonça la sentence de Louis ; que nous enten-
dons les audacieuses menaces d'un peuple en
délire, qui dit à chaque député : *sa mort ou la
tienne.* Et cependant on a vu plusieurs des dé-
magogues les plus exagérés, plusieurs de ces
hommes, dont le langage sanguinaire glaçait la
France d'effroi, trembler au moment d'arti-
culer le vote fatal, et laisser échapper un vote
moins rigoureux. Quels sont donc ceux dont
l'accession formera cette majorité de quelques
voix qui décide de la vie du roi? Ce sont pour
la plupart des hommes timides, plus faibles
que criminels, qui, dans l'espoir d'un sursis,
d'un appel au peuple, vont porter un arrêt démenti par leur conscience : ce sont ces hommes
toujours disposés à se rallier aux opinions commandées, aux opinions faites; esclaves dociles,

accoutumés à fléchir sous l'ascendant de l'auto=
rité du jour; ce sont enfin les *ministériels* de
la Convention. Dans les crises politiques, les
hommes sans caractère font le succès du crime
audacieux : ils lui donnent la majorité pour la
condamnation des rois, comme pour celle des
citoyens. La faiblesse n'est pas le crime, mais elle
en est presque toujours le plus dangereux com-
plice; on ne peut excuser les hommes faibles
d'aucun temps, parce que non-seulement ils
ne s'opposent pas au mal qu'il serait en leur
pouvoir d'empêcher, mais parce qu'ils sanc-
tionnent quelquefois le mal, en étendant sur lui
le voile de leurs vertus privées. On ne peut excuser ni ceux qui, au mépris de la Constitution,
votèrent la mort du roi en 1793, ni ceux qui,
au mépris de la Charte, votèrent la loi du 12
janvier 1816, ni ceux qui, au mépris de toutes
les lois, voteraient demain la mort ou l'exil de
tels ou tels Français, et même de tels ou tels
députés leurs collègues, s'il se trouvait un ministère assez hardi pour le leur demander, et
que la France constitutionnelle fût assez patiente
pour le souffrir; mais lorsque l'Europe effrayée
voit se préparer, en France, le supplice de
Louis XVI, que feront les rois pour arrêter la
hache suspendue sur la tête de ce prince? Serait-il

vrai que la plupart d'entre eux fussent indifférens à son sort? Serait-il possible que la plupart
des gouvernemens ne vissent dans le coup fatal
qui va être porté , qu'une chance de combinai-
sons favorables à leurs vues ? Si quelques voix
généreuses en Angleterre se font entendre en faveur de Louis , d'où part ce cri de l'humanité ?
C'est des bancs de l'opposition. Des sommations
éloquentes , adressées au ministère par Fox ,
Shéridan et Grey, demandent l'intervention du
roi d'Angleterre , en faveur du Monarque français ; mais leurs nobles efforts échouent contre
la froide et meurtrière politique du cabinet anglais. A leurs pathétiques accens , Pitt oppose
l'inconvénient d'une intervention qui puisse être
sans succès. La nation anglaise sera soulevée jusqu'en ses fondemens, lorsqu'on croira pouvoir
accabler la France : lorsqu'il s'agit de sauver un
roi de France , elle reste immobile , et craint de
compromettre sa dignité.

Rois et princes de l'Allemagne, jugez ce que
vous devez attendre de pareils amis. Si des cours
étrangères vous excitent à refuser à vos peuples la
concession des droits qu'ils réclament, si elles
vous encouragent dans cette funeste lutte, voyez
comment ces cours défendent ensuite les rois prêts
à périr dans le combat. Mais par quel abus de

toute raison et de toute justice est-ce à nous, ennemis déc'arés des proscriptions et de toute atteinte à notre loi fondamentale, que des hommes, qui avouent pour leur ouvrage la terreur de 1815, osent imputer la terreur de 1793? À cette fatale époque de 1793, la plupart d'entre nous ont été proscrits : nul de nous n'a été proscripteur; et moi-même, quand ces hommes aujourd'hui si courageux n'avaient de courage que pour combattre contre leur pays, jeune alors et coupable d'avoir hautement exprimé mon indignation contre les assassinats révolutionnaires, je n'échappai à la rage des tyrans de cette époque qu'en cherchant un asile d'abord sur les vaisseaux de l'État, et ensuite dans les rangs de l'armée. J'étais proscrit, mais je restai Français, et comme une foule d'autres bons citoyens placés dans la même position que moi, en gémissant sur les maux intérieurs de ma patrie, je désirais, avant tout, repousser loin d'elle toute domination étrangère. Cette domination de l'étranger est précisément ce que sollicitent nos adversaires, ce qu'ils appellent de tous leurs vœux; et ils se disent Français ! Si le fanatisme de la liberté a pu être l'un des principes des proscriptions de 1793, quel est le principe, qui, en 1819, pousse des hommes dénationalisés à proscrire leur pays tout entier, à proscrire son indépendance, à proscrire en masse tous les Français, en voulant livrer à la merci de la discrétion étrangère l'existence politique de l'État, la vie des citoyens, et, ce qui leur est plus cher encore, leur honneur et leur liberté?

Entre les proscriptions qui précédèrent le neuf thermidor, il en est une qui se fait remarquer par le caractère public et par le mérite personnel des hommes qu'elle atteint. Cette proscription est connue sous le nom de journée du 31 mai. Pour une assemblée qui, violant la Constitution, s'est arrogée le droit de juger le roi, nulle barrière ne peut plus être sacrée. Quelle inviolabilité peut-elle respecter encore, après avoir foulé aux pieds l'inviolabilité royale? Doit-on être surpris de la voir se décimer elle-même? doit-on s'étonner surtout de la voir mettre hors la loi ceux de ses membres dont la modération veut tempérer ses fureurs, dont le courage ose accuser sa barbarie? Prêt à marcher au supplice, Vergniaud entretient ses amis sur l'immortalité de l'âme. Que d'instruction, d'éloquence, de qualités brillantes moissonnées en un seul jour ! c'était l'hécatombe du talent : la vertu a été immolée avec Malesherbes.

La brèche est ouverte : le fer a été porté au sein de la représentation nationale : elle n'est plus qu'une arène de gladiateurs qui s'égorgent les uns les autres. Les tyrans tombent tour à tour : la tyrannie subsiste. Un vieil Arabe disait au calife Abdallah : « J'ai vu porter dans ce château « la tête de Hosein à Obeid-Allah ; celle d'Obeid-« Allah à Mocktar ; celle de Mocktar à Musab, « et voici celle de Musab qu'on vous apporte. » C'est l'histoire des premières années de la révolution. Cependant un meilleur ordre de choses s'est établi : malheureusement le pouvoir organisé par la Constitution de l'an III passe en des mains inhabiles. Les ennemis du nouveau gouvernement s'agitent au sein même des conseils : ils se mêlent dans les rangs d'hommes qui ne désirent que l'affermissement de la liberté sous les formes républicaines, mais tous sont d'accord dans leur mécontentement contre la marche tyrannique du Directoire. La réalité d'une conspiration royaliste à cette époque ne sera certainement pas niée aujourd'hui : il se trouvera même, si l'on veut, une foule de personnes qui déclareront en avoir fait partie. Un monument authentique en constate d'ailleurs l'existence, et ce monument, c'est la déclaration même du général Moreau. Lorsque dans Dresde, où je me trou-

vais en 1813, j'appris qu'un boulet français venait de tuer ce général dans les rangs ennemis,
quoique le lieu où il avait été frappé pût me dispenser de regrets, je relus, pour ne pas pleurer
sa mort, sa dénonciation contre Pichegru. Cette
pièce existe : c'est la sentence de tous deux. Cependant elle ne révélait qu'un délit personnel.
Rien n'annonçait que le complot eût une grande
consistance. La crise n'avait rien d'effrayant, et
l'orage eût pu être conjuré par des voies légales :
mais c'est le propre des gouvernemens faibles de
croire faire preuve d'habileté parce qu'ils ont
assez de force pour violer la Constitution : le
coup d'état du 18 fructidor fut donc consommé,
et trois directeurs proscrivirent deux de leurs collègues sans s'apercevoir qu'ils préparaient leur
propre perte. Des proscriptions nombreuses, ar-
rêtées par ce nouveau triumvirat, sont aussitôt
sanctionnées par les deux Conseils : la France
reconnaît que sa révolution dure toujours, mais
du moins la proscription a perdu de sa cruauté :
on n'égorge plus, on exile. Peut-être, au fond,
la peine n'est-elle guère adoucie : la déportation sur une terre insalubre et dévorante est
un assassinat prolongé. Cependant le sang n'a
point coulé : la France a vu se renouveler son
gouvernement sans être effrayée du spectacle de

nouveaux supplices : c'est un premier hommage
rendu à l'humanité.

A dater du 18 fructidor, le système proscrip-
tif a changé de nature. Ce n'est qu'en 1815 qu'il
reprendra sa première fureur. Une grande révolution se consomme au 18 brumaire, et elle se
consomme sans effusion de sang. Des déportations auront encore lieu : elles seront criminelles
encore, car elles seront illégales. On a loué Trajan de la déportation des délateurs. Dans un État
bien constitué, ce qu'il y a de plus vil sur la terre,
les délateurs ne doivent eux-mêmes pouvoir être
frappés qu'en vertu d'un jugement; mais un
peuple qui passe d'un régime de fer à un gouvernement plus doux, approuve le châtiment,
même irrégulier, qui atteint ses oppresseurs.
Ainsi, dans le panégyrique de Trajan, Pline, par
l'exagération d'un sentiment d'humanité, arrive
à une sorte de barbarie. Les délateurs sont em-
barqués sur des vaisseaux qu'on abandonne sans
pilote et sans guides. La tempête les disperse (1)
à la sortie du port. Pline trouve des charmes à
contempler du rivage ces malheureux, victi-

---

(1) *Juvabat prospectare statim a portu sparsa navigia.*
PLINE.

mes (1) expiatoires des misères publiques, dé-
voués, par un juste retour, à de longs supplices
et à des souffrances pires mille fois que la mort :
il félicite Trajan d'un genre de clémence qui a
remis la vengeance de la terre aux divinités de la
mer : il désire, si quelqu'un de ces misérables
doit échapper aux flots, qu'il échoue (2) sur des
rochers et ne rencontre qu'une rive déserte et in-
hospitalière. On dirait que, par une nécessité
peu honorable pour le cœur humain, il y ait toujours une espèce de cruauté dans la joie même
qu'on éprouve à voir la cruauté punie. C'est ainsi
qu'après avoir gémi sur les assassinats des tribunaux révolutionnaires, une joie coupable avait
applaudi en France aux sanglantes fureurs des
Compagnies de *Jésus* et du *Soleil*. Elle fut moins
coupable, mais elle ne fut pas moins imprudente,
la joie qui applaudit aux déportations qu'amena
le 18 brumaire. Quel fut, dans Bonaparte, le principe de cette proscription? Est-ce un sentiment

---

(1) *Agnoscebamus et fruebamur, cum velut piaculares
publicæ sollicitudinis victimæ, supra sanguinem noxio-
rum ad lenta supplicia gravioresque pœnas ducerentur.*
PLINE.

(2) *Si quem fluctus ac procellæ scopulis reser assent,
hic nuda saxa et inhospitale littus incoleret.* Ibid.

d'horreur pour des hommes dont quelques-uns
avaient acquis une atroce célébrité ? Mais l'horreur pour le crime ne dispense pas de justice envers les criminels, et la justice ne réside que dans
l'application régulière des lois. Est-ce la crainte
des mouvemens que ces hommes accoutumés
aux troubles publics pourraient exciter encore ?
Mais il a la conscience de sa force, et il craint peu
les agitateurs. Bonaparte sait qu'un tel acte sera
presque généralement approuvé, quoique arbitraire. Le principe qui le dirige n'est qu'un calcul
de popularité, et c'est par une mesure anarchique
qu'il proclame le détrônement de l'anarchie.

Parlerai-je d'une autre proscription qui, étant
en ce genre le plus grand crime de Napoléon
Bonaparte, a été regardée en même temps,
comme l'une de ses plus grandes fautes ? Je le
dois, car on calomnierait mon silence.

De tous les reproches que l'on peut faire à Napoléon, le moins fondé peut être est celui qui le
taxerait de cruauté : la cruauté ne formait point
le fond de son caractère, mais pour tout prince
nouveau (1), dit Machiavel, le reproche en est
presque impossible à éviter. Bonaparte a justifié
cette maxime.

_____

(1) *Fra tutti i principi, al principe nuovo è impossi-*
*bile fuggire il nome di crudele.*

La fortune lui avait livré un trône vacant : plus
heureux que Cromwel, il était moins coupable ;
il n'avait point, comme lui, pour parvenir au
suprême pouvoir, trempé ses mains dans le sang
royal. Devait-il lui envier cet horrible avantage ?
Il y a pour tous les princes dont l'humanité n'est
pas la première vertu, des momens inexplicables,
où on serait tenté de croire qu'ils se plaisent à
étonner les esprits par un grand attentat. Sixte V,
qui se faisait peu de scrupule d'immoler à ses soupçons les plus illustres personnages, en apprenant
la mort de Marie Stuart, est jaloux du bonheur
d'Élisabeth : « O heureuse femme, s'écrie-t-il,
« qui as goûté le plaisir de faire sauter une tête
« couronnée » ! Si, à la mort du duc d'Enghien,
un éclair de cruelle joie put entrer dans le cœur
de Bonaparte, il dut y être bientôt étouffé par
l'impression douloureuse dont fut frappée la
France, et, qu'à l'honneur de la nation, il put,
cette fois, lire sur tous les visages. « Ma poli-
« tique l'exige », avait-il dit ; impitoyable réponse qu'il avait opposée à de meilleurs conseils,
aux supplications et aux pleurs de son épouse.
C'était alors un Condé qu'il regardait comme
l'adversaire le plus redoutable pour lui. On reconnaît bien encore, en cette circonstance, la
vérité du fameux mot de Marc-Aurèle : « Per-

« sonne n'a jamais (1) tué son successeur ». Dé-
trôné par les Bourbons, qu'il ne croyait plus à
craindre, que reste-t-il à Napoléon Bonaparte de
cet impardonnable assassinat? La mémoire d'un
crime inutile. Si sa politique, comme il le pré-
tendait, en fut le véritable principe, que l'on
juge par là de l'utilité de tous ces crimes, auxquels la politique sert de prétexte.

Que prétendaient, de leur côté, les domina-
teurs de 1793? Empêcher le rétablissement de la
monarchie, le retour des émigrés, le retour des
Bourbons. La monarchie, les émigrés, les Bourbons ont trompé tous leurs efforts. La monarchie? elle a été rétablie sous Napoléon. Les émigrés? presque tous sont rentrés sous le règne du
nouveau prince, et déjà ils avaient envahi ses
antichambres. Les Bourbons? ils règnent de nouveau sur la France. Après tant de preuves de
l'inutilité des proscriptions, comment se trouve-
t-il des hommes qui osent proscrire encore?

---

(1) *Successorem suum nullus occidit.* Vulcatius gal-
licanus.

~~~~~~~~~~~~~~~~~~~~~~~~~~~~~~~~~~~~~~~~~~~~~~~~~~~~~~

## CHAPITRE III.

### Des Proscriptions politiques en Angleterre.

JE me suis abstenu de faire entrer parmi les
proscriptions politiques de la France les meur-
tres commis par les princes qui ont envahi
la couronne depuis la fondation de la monarchie
jusqu'à l'élection de Hugues Capet. C'était bien
remonter assez haut que d'aller jusqu'au x$^e$ siècle, et long-temps encore après cette époque
notre histoire n'est que trop désastreuse; mais
du moins ce n'est plus l'usurpation qui a ensan-
glanté le trône. Deux fois disputée à l'héritier
légitime, la couronne est rentrée deux fois dans
l'ordre naturel de succession. La France peut
avec raison s'applaudir de cet avantage. L'Angleterre a une toute autre destinée. Quinze fois, dans
ce dernier espace de temps, la force a fait les rois
en Angleterre, et le trône a changé de possesseurs.
Le principe de ces révolutions n'a rien qui appelle nos recherches. C'est l'ambition seule qui
les a produites; mais chacun de ces événemens
a été accompagné de proscriptions qui toutes

13.

frappaient les partisans du prince renversé comme ayant servi un pouvoir illégitime. C'était sans cesse une légitimité triomphante qui poursuivait les partisans de la légitimité vaincue. Ce mot de légitimité s'explique mal par le raisonnement. On craint même de le définir de peur d'être accusé d'hérésie. Nous croyons que c'est dans l'examen de quelques faits historiques que doit se trouver sans effort sa plus juste interprétation.

La légitimité établie en France dès le commencement du xi° siècle, dans les héritiers de Hugues Capet, a peu varié jusqu'à nos jours. Voici un tableau abrégé de ses variations en Angleterre.

En 1013, Ethelred régnait légitimement dans ce royaume. Il en est chassé par Suénon, roi de Danemark, auquel la noblesse prête aussitôt serment de fidélité. C'est l'usurpation par la conquête.

La conquête constitue la légitimité et la transmet surtout au fils du conquérant. Canute, fils de Suénon, était à peine en possession du trône. Ethelred revient : voilà deux légitimités aux prises. L'ancienne l'emporte; Ethelred est rétabli.

Edmond-Côte-de-fer, fils d'Ethelred, a suc-

-cédé à son père. Il périt bientôt par un assassinat. Canute dépouille ses enfans. La légitimité
de Canute s'affermit : son fils lui succède ; c'est
cette légitimité, née de l'usurpation, qui occupe
le trône jusqu'en 1043.

La race d'Ethelred ressaisit la couronne par
les mains d'Edouard-le-Confesseur. Guillaume,
duc de Normandie, est désigné comme son héritier ; d'un autre côté, Harold forme des prétentions qui ne sont pas sans fondement. Guillaume lui propose de remettre la décision de
leur querelle à l'arbitrage du pape. Harold en
appelle au jugement du Dieu des batailles. Le
Dieu des batailles juge contre lui à Hastings. La
couronne demeure (1) à Guillaume. Le pré-
tendant illégitime, c'était Harold.

Edouard III fait la guerre à son père et le
remplace. C'est le premier exemple d'un roi
d'Angleterre déposé (2) par l'autorité du parlement. Une mort violente suit bientôt sa dé-
position. Héritier du trône, Edouard ne fait
qu'avancer l'heure où il y serait appelé par la
nature. Est-il usurpateur ou légitime roi ?

---

(1) En 1066.
(2) En 1327.

Richard II est arrêté par Henri, duc de Lancastre, accusé devant le parlement, condamné
et déposé (1) par les deux chambres. Henri fait
périr le roi qu'il a dépossédé. Voilà le sceptre
dans la maison de Lancastre.

Il y reste soixante ans. C'est une légitimité
bien affermie. Il en sort cependant, et il en sort
illustré par le courage héroïque que Marguerite
d'Anjou met à le défendre. Une autre famille
l'emporte. Le duc d'Yorck essaie la couronne
sous le titre de protecteur, et son fils la reçoit (2)
avec le titre de roi, sous le nom d'Edouard IV. Le
trône est dans la maison d'Yorck. La légitimité
d'Edouard n'est-elle pas susceptible de contestation? Le vœu du peuple anglais proclame ce
prince : le parlement se hâte d'y joindre sa sanction. Une réprobation formelle repousse Henri
VI, mais, selon l'ordre naturel de succession,
celui-ci est le roi légitime.

Le titre de protecteur est le premier degré par
lequel s'élève au trône le duc de Glocester : il ne
s'arrête pas long-temps en chemin. Maître de la
personne de ses neveux, légitimes héritiers

---

(1) En 1399.
(2) En 1461.

du trône, il tente de se faire proclamer roi (1) par le peuple de Londres. Le peuple est muet. Quelques artisans soudoyés jettent seuls un faible cri de *vive Richard III.* Vaincu par ce vœu national, celui-ci se fait proclamer roi. Il arrache à ses neveux tout ensemble et le trône et la vie. C'est avec chagrin qu'on le voit ensuite trouver une mort trop honorable sur un champ de bataille.

Le vainqueur de Richard III, le comte de Richemond, ne pouvait faire valoir que des droits très-éloignés, droits qu'il tenait de la maison de Lancastre; mais il a conquis un droit irrésistible à la couronne dans la bataille de Bosworth (2), qui délivre l'Angleterre d'un tyran. Cependant il s'abstient d'expliquer s'il règne en vertu du droit de conquête (3), en vertu du droit de possession

_____

(1) En 1483.

(2) En 1485.

(3) *Mediâ viâ institit, simplicis scilicet stabilimenti, idque verbis tectis et utrinque nutantibus; his scilicet; ut hæreditas coronæ resideret, remaneret, et continuaretur in rege, etc., quæ verba in utrumque sensum trahi poterant : illud commune habentia, ut scilicet corona in eo stabiliretur; sed utrum hoc ex jure præexistente ( quod in dubium vocabatur ) an quod, de facto, in possessione coronæ erat ( quod nemo negabat ) in medio relinquebatur, ut utram libet interpretationem reciperet.* BACON.

ou en vertu du droit d'hérédité. Il se borne à
faire déclarer par le parlement, que l'hérédité
de la couronne résidera, restera, demeure-
ra dans la personne du roi. Serait-ce que
Henri VII craindrait de voir contester celui de
ces titres sur lequel il fonderait son avénement
au trône ? Peut-être ; mais en même temps, il
fait mieux : au lieu de s'étayer d'un seul titre, il
s'appuie sur trois légitimités.

Des lettres-patentes d'Edouard VI avaient ex-
clu du trône Marie et Elisabeth, pour y appeler
Jeanne Gray. Celle-ci dut se croire reine légitime. Marie, en l'envoyant à l'échafaud (1), lui
prouve son illégitimité.

Les temps plus rapprochés de nous n'offrent
plus en ce genre que les deux exemples si con-
nus et si fréquemment cités, l'usurpation de
Cromwel et celle de Guillaume III.

Le premier laisse un fils honnête homme,
qui, ne se sentant pas en état de porter la couronne, a le courage d'y renoncer : mais cet
abandon d'un pouvoir dont il était déjà investi,
a laissé sur son père une empreinte d'usurpation, qu'il eût, sinon effacée, du moins adoucie,

---

(1) En 1554.

en recueillant ce grand héritage et en le laissant dans sa famille.

On a tout dit sur Guillaume III. C'est un gendre qui dépouille son beau-père; mais le succès a justifié l'entreprise : l'intérêt de l'Angleterre l'a consacrée, et le trône est aujourd'hui légitimement affermi dans la ligne de succession que Guillaume a établie.

Lorsqu'on réfléchit sur les proscriptions qui ont accompagné chacun des changemens que nous venons de parcourir, n'est-on pas conduit à conclure qu'il serait bientôt temps que, dans les révolutions, la légitimité du jour fût plus indulgente pour la légitimité de la veille, puisque tout proscripteur prépare la proscription contre soi-même ou contre ses enfans? Si les chefs des Etats ne savent pas conserver le pouvoir qu'ils possèdent, est-ce une raison pour proscrire les hommes qui les ont servis pendant qu'ils étaient en possession de ce pouvoir? Comment, par exemple, prendre parti entre les diverses légitimités qui ont triomphé et succombé en Angleterre? Légitimes ou illégitimes, tous les princes vainqueurs ont été cruels. S'il est difficile de démêler les uns des autres, que la véritable légitimité adopte pour marque distinctive la clé-

mence. A ce signe sacré, l'humanité s'empres-
sera de la reconnaître.

Nous avons remarqué que l'un de ces rois
dont l'élévation au trône reposait sur des droits
au moins douteux, Henri VII, avait évité de déterminer celui-en vertu duquel il portait la couronne. Cette réserve était sage; mais, par une
contradiction barbare, le même prince qui, en
confondant les droits de la rose blanche et de la
rose rouge par son mariage avec une princesse
de la maison d'Yorck, semble devoir mettre un
terme à la haine des deux partis, fait proscrire
par le parlement un grand nombre de personnages distingués, dont le crime est d'avoir combattu contre lui lorsqu'il n'était que comte de
Richemond, lorsqu'il ne réclamait aucun droit
à la royauté; contre lui qui, même devenu roi,
n'ose pas s'attribuer un droit à la couronne antérieur à son état de possession. Enfin, la vengeance satisfaite, la raison parle. Henri VII accorde une amnistie générale, et plus tard il établit
cette fameuse (1) loi qui porte qu'avoir servi le

----

(1) *Statuit hæc lex, ut nemo, qui regis partes tunc de
facto regnantis secutus fuerat, propter ejusmodi crimen
unquam impeteretur vel condemnaretur, vel processu
legis, vel per actum parlamenti.* BACON.

roi régnant de fait, ne peut donner lieu ni à poursuite ni à condamnation, soit de la part des tribunaux soit de la part du parlement.

En montant sur le trône, ce prince succé-cédait à une longue anarchie. Depuis plus d'un siècle l'Angleterre était en proie à des troubles domestiques au milieu desquels toute idée de justice était évanouie. Les esprits étaient disposés à tolérer l'accroissement de la puissance royale, dans l'espoir que cette puissance serait employée au rétablissement de l'ordre. On dut s'applaudir de voir une main ferme saisir les rênes du gou-vernement, mais Henri n'était pas capable de se contenter d'un pouvoir qui dût reconnaître des limites. Quoique maître des parlemens dont il dictait les déterminations, il affecta de se passer de leur intervention dans des affaires graves, et même d'établir des impôts sans leur concours, ce qui était la violation de la grande Charte et des plus anciens priviléges du peuple anglais. Sous prétexte d'une guerre indispensable contre la France, il leva une *bénévolence* ou don gra-tuit, genre de taxe arbitraire qu'avait abolie Ri-chard III.

La tendance de la royauté au pouvoir absolu est sans doute commune à toutes les monar-chies, mais ailleurs on s'est contenté d'obtenir

de fait, ce pouvoir absolu; en Angleterre, c'est
une sorte de manie particulière des rois de vouloir l'ériger en principe, en système : c'est peu
pour eux d'en jouir, ils veulent absolument
qu'on reconnaisse qu'ils le possèdent de *droit*
*divin*. Cet amour du pouvoir absolu de droit
divin, qui semble être une maladie innée dans
certaines familles, n'est peut-être en elles que le
produit d'un ordre de choses antérieur dont
l'action a été inaperçue pour elles-mêmes. Les
rois de France ont bien eu sans doute aussi la
prétention de régner de droit divin, mais, contens d'une reconnaissance tacite et d'une possession non contestée, ils n'ont jamais combattu
contre leurs peuples pour les forcer d'en faire
une solennelle reconnaissance. Cette différence
dans la conduite des dynasties en France et en
Angleterre, qui en a produit elle-même une très-
sensible dans le degré de violence des proscriptions auxquelles ont été exposés ces deux pays,
a eu deux causes principales.

L'une de ces causes, dont les effets ont été
heureux pour nous, est la différence qui a existé
dans les deux royaumes à l'égard de l'hérédité de
la couronne. L'hérédité en France a été, depuis
Hugues Capet, constante dans la même famille.
En retranchant les deux épisodes, bien funestes,

il est vrai, de l'occupation de Paris par Henri V
et de la ligue qui repoussa trop long-temps
Henri IV, nous avons eu, de moins que l'Angleterre, les crises fréquentes de détrônemens per-
pétuels et d'usurpations successives dont ce
royaume a été le théâtre. La France doit donc à
la fixité de son système héréditaire l'avantage
d'avoir échappé aux ébranlemens et aux proscriptions nombreuses qui ont eu pour cause
en Angleterre les variations qu'a souffertes
chez elle le système de l'hérédité. Plus la
royauté en Angleterre avait éprouvé de vicissi-
tudes, plus elle a dû craindre le retour de vicis-
situdes semblables, et c'est parce que les droits
de l'hérédité avaient été si souvent violés, qu'elle
cherchait à se créer des droits surhumains et
indépendans de la volonté des peuples.

La seconde cause de différence dans la conduite des dynasties d'Angleterre et de France, a
été la différence d'organisation du système féodal
dans les deux pays. Cette question a déjà été suffisamment éclaircie ailleurs. Nous nous bornons
à remarquer ici qu'à la vérité, dans le système
anglais, les proscriptions ont été beaucoup plus
nombreuses, et qu'il a péri sur l'échafaud un bien
plus grand nombre d'illustres têtes ; mais en définitive il n'est nullement démontré que ce soit

le lot de la France qui ait été le meilleur. En compensation de ses proscriptions judiciaires, si multipliées pendant plusieurs siècles, l'Angleterre a devancé la France d'un siècle dans la conquête de la liberté, et l'Europe sait quelle place tiendra ce siècle de liberté dans l'histoire de la nation anglaise. Il y a toujours d'ailleurs une sorte de gloire et un honorable dédommagement dans les souffrances d'un peuple qui lutte contre la tyrannie pour la conquête de ses droits politiques et civils.

Si donc la nation anglaise a, plutôt que la France, porté les lèvres à la coupe de la liberté, si, dès 1215, Jean-Sans-Terre est forcé de lui donner la grande Charte, si nulle part les rois n'ont été si souvent contraints de reconnaître les droits de la nation, nulle nation n'a été aussi souvent contrainte de renoncer à tous ses droits et de reconnaître le pouvoir absolu de la royauté.

En 1124, une assemblée de seigneurs déclare, sous Henri II, que *les volontés du roi tiendront lieu de loi à l'avenir.*

Henri VII, tyran habile, transforme sa volonté en loi et fraie la voie au despotisme pareillement illimité, mais de plus, pour ainsi dire, constitutionnel de Henri VIII.

Sous celui-ci toute liberté civile et religieuse

est anéantie : si les parlemens s'assemblent, c'est pour s'avilir en déclarant que *les édits royaux auront la même force que les lois passées par les deux chambres, et que le roi, qui ne tient son autorité que de Dieu, a le droit d'agir, sans autre règle que sa volonté, pour l'intérêt du bien public.*

Sous le règne d'Elizabeth, on proclame pareillement que *l'autorité de la reine est au-dessus des lois ; qu'elle peut en affranchir, à son gré, les sujets, dont tous les droits doivent se borner à des pétitions et à des doléances.*

Non content de jouir en paix de la tyrannie héréditaire qui lui est échue, Jacques I<sup>er</sup>. semble se plaire à en constater la légitimité par des discussions publiques : il invente le *serment d'allégeance* et se fait reconnaître *le droit de dispenser des lois.* Il déclare sans nécessité que les privilèges de la nation ne sont que *de simples licences, que des concessions libres de la munificence royale :* il dit aux chambres : *vous avez des devoirs et nous avons des droits.*

Sous le malheureux Charles I<sup>er</sup>., un clergé imprudent prêche *le pouvoir absolu fondé sur le droit divin.* Ce prince, dans tous ses actes,

en manifeste hautement la prétention, et cette
prétention insensée, qui causera sa mort, occa-
sionnera plus tard l'expulsion de Jacques II.

Exposer quelle a été en Angleterre la nature
du combat qui s'est soutenu pendant plusieurs
siècles entre la royauté et le peuple; c'est déjà
indiquer le principe général des proscriptions
qui désolèrent ce royaume pendant la durée de
ce long combat.

Dans le moment où tous les peuples s'agitent
pour obtenir des gouvernemens représentatifs,
l'exemple de l'Angleterre est pour eux une im-
portante leçon, qu'ils ne doivent pas perdre de
vue. Ils peuvent remarquer que, pour être libre,
il ne suffit pas à une nation d'avoir des assemblées
délibérantes; ils doivent remarquer que, malgré l'existence de pareilles assemblées, une nation peut être soumise au despotisme le plus
absurde, et que, même dans ce cas, par suite
de la vicieuse organisation de ces corps, loin
d'être les sauve-gardes du peuple contre les
écarts du pouvoir royal, les parlemens, au contraire, deviennent les instrumens de l'oppression et les auxiliaires de la tyrannie. Tels ont été
les parlemens en Angleterre, notamment sous
Henri VII, sous Henri VIII, sous Marie et sous
Élizabeth. Nommés sous l'influence de la cour,

ils n'étaient appelés que pour lui rendre le despotisme plus facile. Il a fallu toutes les violences du despotisme politique et du despotisme religieux, exercées impunément pendant plusieurs siècles, pour soulever les passions généreuses contre ce double despotisme, et arriver enfin à un contrat solennel, qui a réglé et limité les droits du trône comme les droits du peuple. Cependant, le vice du mode d'élection, qui avait donné à l'Angleterre tant de parlemens lâches et serviles, n'y a pas été suffisamment corrigé; et, si ce pays devait retomber dans l'esclavage, ou dans de nouvelles convulsions, ce serait pour n'avoir pas porté dans son système électoral, non ces changemens subversifs que demandent les réformateurs radicaux, mais des modifications mesurées et prudentes, telles que les a demandées autrefois Guillaume Pitt lui-même, telles que les désirent encore aujourd'hui les hommes les plus sages ; quoique le refus obstiné de les accorder à temps ait rendu toute mutation de ce genre plus délicate et plus hasardeuse. L'expérience de la France est d'ailleurs venue fortifier celle de l'Angleterre. La France a eu, en 1795, des assemblées primaires, pareilles peu près à celles que veulent en Angleterre les ré-

formateurs radicaux. Ces assemblées nous ont
donné la Convention. Elle a eu, en 1815, des
colléges électoraux, comme en voudráient encore les anciennes classes privilégiées. Ces colléges électoraux nous ont donné la Chambre
de 1815. Le véritable principe des élections
dans tout gouvernement représentatif, est irré-
vocablement trouvé. Ce n'est ni parmi les grands,
qui veulent toujours usurper et acquérir, ni
parmi les prolétaires, qui n'ont rien à perdre,
que doit résider l'action principale de la puissance élective; mais dans la classe moyenne,
dans la classe en même temps productive et
conservatrice, qui forme véritablement le corps
de la nation. Ce n'est donc pas sans fondement
que les peuples d'Allemagne insistent pour obtenir les constitutions représentatives qui leur
ont été promises, comme ce n'est pas sans motif que le congrès de Carlsbad ne veut plus leur
accorder que des assemblées (1) d'états, ce qui
ne ferait que donner à l'Allemagne des parlemens pareils à ceux qui ont existé à diverses

---

(1) J'aurai occasion d'expliquer ailleurs cette distinc-
tion qui forme le fonds du procès existant en Allemagne
entre les gouvernemens et les peuples.

époques en Angleterre. Encore aurait-on en
Allemagne moins de chances d'obtenir une représentation zélée pour la défense de l'intérêt
national; car enfin, en Angleterre les possesseurs de fiefs, qui ont toujours formé la plus
grande partie de la chambre des communes,
loin d'être les ennemis de la liberté, en ont été
souvent les plus intrépides champions, et des
milliers d'entre eux ont péri victimes de leur
dévouement pour elle; mais il n'en serait pas
ainsi en Allemagne, où tout possesseur de fief
se trouve lié au despotisme du prince et disposé à le soutenir.

On frémit peut-être à l'idée que je veuille re-
tracer ici l'effroyable série de proscriptions dont
sont remplies les Annales de l'Angleterre. Je n'en
indiquerai quelques-unes que pour démontrer
combien est funeste la servilité des parlemens
qui légalise les cruautés des princes. A peine
Henri VII est-il reconnu roi (nous avons vu sous
quelle forme), que le parlément, docile à ses
vues, proscrit trente personnes des plus distin-
guées du royaume, sans qu'on ait d'autre reproche à leur faire, que d'avoir combattu à Bosworth, sous les drapeaux de Richard III. Il poursuit tout ce qui conserve quelque attachement à
la maison d'Yorck, et les partisans de cette mai-

14.

son forment la presque totalité du royaume.
Cette passion l'entraîne à un système de politique
étrange , c'est de régner par la minorité.

Si les ministères qui nous ont gouvernés depuis 1815 avaient été capables d'une idée politique un peu étendue, quoique faussement appliquée , nous devrions croire qu'ils avaient conçu
le même projet , et qu'aujourd'hui on le suit
encore. A l'exemple du monarque anglais , ces
divers ministères semblent s'être attachés à ne
confier les emplois publics qu'à des hommes peu
agréables à la nation ou même en état moral de
guerre avec elle. On sait comment ces agens, dont
la plupart conservent les postes qu'ils ont envahis , travaillent à faire aimer le gouvernement.
Le résultat fut le même en Angleterre. Ce faux
calcul faillit plus d'une fois perdre Henri VII.
Ce fut le mécontentement excité par la conduite
hostile des agens de ce prince qui donna tant
de consistance aux soulèvemens formés en faveur de Simnel et de Perkin ; mais enfin ad-
mettons qu'un pareil système ait été bon une
fois, sous un roi, maître de son parlement , tenant avec une main de fer le gouvernail de l'E-
tat , toujours ferme dans les mêmes voies , sans
déviation, sans incertitude ; est-ce un motif suf-
fisant pour présumer que la tentative en soit

heureuse avec une organisation parlementaire
différente, à une époque où l'opinion générale a
pris un autre essor, sous des ministères chance-
lans et mal affermis, où la pensée dominante de
chacun des ministres, ou du moins des plus in-
fluens, est le misérable soin de leur conservation
dans le poste qu'ils occupent? Si quelques-uns des
ministres actuels ont pu, dans leur présomptueuse
ignorance, se flatter de rendre la Chambre des députés esclave des volontés ministérielles, leur illusion sera bientôt détruite, et déjà la nation entière
les avertit par des actes assez intelligibles, que
telle n'est point la mission qu'elle donne à ses
mandataires. Notre constitution ne comporte
point d'ailleurs les audacieuses entreprises que
put en Angleterre hasarder Henri VII, et cependant ce ne fut que par la terreur que ce prince
assura la paix de son règne.

Puisque je signale ici la politique de Henri VII,
je ne dois point passer sous silence sa prodigieuse adresse dans l'art de surveiller ses ennemis, et d'attirer dans le piége les hommes qu'il
voulait perdre. Ses auxiliaires, dans cet infâme
métier, n'étaient point de ces obscurs agens qui
vont créer d'obscures conspirations dans lesquelles on les laisse quelquefois périr eux-mêmes.
Ses espions étaient pris à sa cour, dans les premiers rangs de la noblesse. Feignant une fausse

disgrâce , ils allaient provoquer des indiscré-
tions , qui bientôt étaient cruellement punies. On
dit que ces secrets d'une police distinguée n'ont
pas été inconnus en France sous le régime impérial. Si ce fait est exact , Napoléon Bonaparte ,
dont la position d'ailleurs avait quelque ressemblance avec celle du comte de Richemond , devenu
Henri VII, n'aurait été lui-même que l'imitateur de
ce prince : mais aujourd'hui imiter l'un ou l'autre
dans cette odieuse carrière , c'est mal choisir ses
points de rivalité. C'est surtout une fatuité grossière et ridicule de se croire autorisé à suivre
leur exemple dans les actes despotiques de leur
administration , parce qu'on aura su , comme
eux , lier de sourdes intrigues , et manier , avec
une certaine adresse , les fils de l'espionnage. La
police de la royauté en France peut bien avoir
recueilli l'héritage de celle de l'empire ; mais on
n'hérite pas du talent de subjuguer l'imagination
des peuples , et de les asservir par l'admiration ,
comme on hérite de l'art vulgaire de semer des
divisions , de gagner quelques esprits disposés à
se laisser corrompre , et de créer , au besoin , des
complots imaginaires. Les grands génies , ou ,
pour parler plus correctement , les génies supérieurs , dans la science de la domination , ne font
point de coups d'état. Ce qui est un coup d'état

de la part d'un homme ordinaire , n'est qu'un
événement naturel pour eux. C'est sans faire de
oups d'état que Napoléon Bonaparte a conduit
la France de la constitution républicaine de
l'an VIII, au pouvoir absolu de 1813. Pour réussir dans une telle entreprise , il faut d'autres talens que ceux de l'espionnage et de l'intrigue : il
faut une grande force de volonté, de la suite dans
les démarches , et avant tout, la consistance d'un
caractère énergique , soutenue du prestige des
grandes actions. L'armure du despotime demande un robuste athlète : elle ne peut qu'écra-
ser de son poids les nains politiques dont la présomption essaie de la soulever.

Tout le monde sait quels mouvemens excita ,
sous le règne de Henri VII , ce fameux Perkin ,
qui, prenant le nom de Richard Plantagenet, duc
d'Yorck , fut reconnu roi d'Angleterre, et traité
comme tel par Marguerite, duchesse de Bourgogne , par Charles VIII , roi de France , par
Jacques IV , roi d'Écosse , et qui même épousa
une proche parente de ce dernier prince. On
sait que cet habile imposteur, doué par la nature de tous les avantages propres à séduire les
peuples, finit , après plusieurs batailles perdues,
par chercher asile dans un monastère , d'où il se
livra au roi, sous la promesse de sa grâce. Henr

semble d'abord vouloir tenir sa parole, mais il
garde Perkin prisonnier, et bientôt un prétendu
complot, formé dans la prison, lui sert de motif pour l'envoyer au supplice. Les proscripteurs
révolutionnaires, qui ont créé des complots de
prison en 1793 et en 18:5, n'ont donc pas même
eu le misérable mérite de l'invention ? C'est par
l'horreur de la parodie qu'ils en sauvent le ridicule.

La mort de Perkin ne fut qu'une cruauté inutile : celle du comte de Warwick fut une atrocité. Aussitôt après avoir conquis la couronne à
Bosworth, Henri VII s'était hâté de s'assurer de
la personne d'Edouard Plantagenet, comte de
Warwick, jeune enfant peu à craindre par son
âge, mais sans contredit l'héritier le plus légitime
du trône. Après l'avoir tenu enfermé quatorze
ans, Henri le fait tomber dans le piége du prétendu complot de prison attribué à Perkin, et
sur ce prétexte la sentence de Warwick est prononcée. Si la politique des usurpateurs justifie
l'arrestation d'un rival dangereux, elle ne justifie
leur mort qu'autant qu'elle est indispensable à la
sûreté de l'usurpateur, et celle de Warwick ne
l'était pas. Pour atténuer ce crime aux yeux de
l'Angleterre indignée, Henri fit connaître qu'il
ne s'y était déterminé que sur les conseils de

Ferdinand-le-Catholique, qui refusait de donner
sa fille en mariage à Arthur son fils, tant qu'il
resterait un héritier de la maison d'Yorck. C'est
une triste ressource pour un prince d'être réduit
à produire devant ses peuples une pareille excuse.
Les peuples, dans ce cas, comme il arriva en
Angleterre, n'en éprouvent que plus d'horreur
pour une double tyrannie. Si j'ai cité un fait qui
réunit sous un même point de vue Henri VII et
Ferdinand, c'est que ces deux princes sont les
principaux fondateurs de l'école moderne de politique qui a fait commettre tant de forfaits, et
contre laquelle se débat encore aujourd'hui la
malheureuse humanité.

Un trait de la conduite de Henri VII, qui appartient aussi à cette politique moderne, l'un
des fléaux du genre humain, est son procédé
envers l'archiduc Philippe, qui, dans sa navigation pour l'Espagne, ayant été jeté sur les côtes
d'Angleterre, y fut retenu, captif en effet, sous
les démonstrations de la plus grande cordialité,
et ne s'affranchit des liens de son hôte qu'en lui
livrant le comte de Suffolk, neveu d'Edouard IV,
refugié dans les Pays-Bas. « On pensera, dit Phi-
« lippe, que vous m'avez traité comme prison-
« nier, ce qui nous déshonorera tous deux. »
« Rassurez-vous, lui répond Henri, je prends le

« déshonneur sur moi. » Sur la promesse que la vie de Suffolk serait épargnée, Philippe invite celui-ci à se rendre en Angleterre, comme pour y rentrer en grâce avec Henri VII. Le malheureux tombe dans le piége et arrive à Londres. Il est enfermé dans la tour, et Philippe est autorisé à continuer son voyage après avoir été, de plus, forcé de conclure, en qualité de roi d'Espagne, un traité avantageux au commerce d'Angleterre. Cependant Henri ne fait point périr son prisonnier; mais, en mourant deux ans après, il dit à son fils qu'il ne serait pas en sûreté tant que Suffolk vivrait. Henri VIII, qui bientôt sera familiarisé avec les supplices, ne fit, en ordonnant celui de Suffolk, qu'exécuter les dernières volontés de son père.

Je me suis arrêté sur le règne de Henri VII, afin de franchir d'un pas rapide les règnes plus sanglans encore qui vont le suivre. Comment en effet pourrait-on, sans éprouver une mortelle horreur, réunir dans un même cadre les nombreux assassinats juridiques de ces différens règnes? Deux mots suffisent pour peindre celui de Henri VIII. La loi de *lèse-majesté*, qui fut si terrible sous les empereurs romains, est renouvelée par ce prince sous le titre de loi de *trahison*. La théocratie qu'il s'arroge n'est pas moins

sanguinaire que son despotisme, et ses deux suprématies se disputent les victimes. Quel règne
que celui où on a compté soixante-dix-huit mille
exécutions, et quelle tête peut se croire en sûreté quand les reines passent de la couche royale
à l'échafaud ? Pour couronner ses cruautés,
Henri VIII y joint l'hypocrisie : il prend le deuil
en signe de douleur de la nécessité qui lui impose un si rigoureux exercice du pouvoir.

Cependant, lorsque les parlemens ont déclaré
que les édits royaux ont force de loi, il est encore
des règles que Henri VIII craint de violer. Ce
fait est extrêmement remarquable. J'emprunte
les termes mêmes dans lesquels Hume le raconte.
« Henri voyant que les fautes de quelques pré-
« venus n'étaient pas prouvées ou n'étaient pas
« susceptibles d'un châtiment aussi sévère qu'il
« le désirait, fait demander aux juges si le par-
« lement pouvait proscrire une personne sans lui
« faire son procès et sans la citer à comparaître
« devant lui, quand elle avait déjà comparu de-
« vant d'autres tribunaux. Les juges répondent
« que ce serait une démarche dangereuse; que
« la cour suprême du parlement devait aux cours
« inférieures l'exemple de procéder selon les
« formes de la justice; que nulle cour inférieure
« ne pouvait agir de cette manière despotique et

« qu'ils croyaient que le parlement ne voudrait
« jamais en tracer la route. Pressés de donner
« une réponse plus positive, ils dirent que si
« une personne était condamnée de cette ma-
« nière, le bill *d'attainder* ou de proscription
« serait en effet sans appel et absolument va-
« lide. » Henri demande au parlement les proscriptions qu'il médite, et elles sont prononcées ;
mais il a hésité à faire cette demande : supérieur
aux lois, revêtu de la suprématie politique comme
de la suprématie religieuse, déjà tout couvert de
sang, il a douté *si le parlement pouvait proscrire une personne sans lui faire son procès.*
La conscience des juges a répondu par la néga-
tive, mais ensuite une autre déclaration lui est ar-
rachée par les instances du trône. Quelle réflexion
se présente malgré nous à nos esprits ! Henri VIII
a eu des scrupules dont a été exempt le ministère de 1816 ! j'abandonne Henri VIII et je passe
sous silence le règne de Marie. Je ne les retrouve-
rai que trop l'un et l'autre dans les proscriptions
religieuses.

Un singulier trait de ressemblance se fait remarquer dans la destinée des deux filles de
Henri VIII. Chacune de ces sœurs envoie une
reine à l'échafaud. Marie immole Jeanne Gray,
appelée au trône par Edouard VI. Elizabeth im-

mole la reine d'Ecosse, Marie Stuart, mère du
prince qu'elle désignera pour son héritier. S'il
y a un sentiment plus cruel que celui d'une
reine dévouant une reine au fer des bourreaux,
c'est la douleur hypocrite d'Elizabeth·livrant à
la chambre étoilée le malheureux Davison, qui
n'a fait qu'obéir à ses ordres, comme s'il eût, de
sa seule autorité, apposé le grand sceau d'Angleterre au jugement de Marie, et commandé à
son insu l'exécution de ce jugement.

Nous avons déjà fait connaître à quel point fut
porté sous Elizabeth l'oubli des droits de la nation et l'opinion de *l'autorité absolue* du trône.
Un seul exemple suffira. Un puritain, Penry, est
jugé d'après des papiers trouvés sur lui ; dans
lesquels il reconnaît le droit qu'a la reine d'établir des lois ; mais, dit le chancelier accusateur,
il a évité les termes en usage de *faire, de porter,
d'ordonner des lois,* termes qui renferment
l'idée d'une autorité plus absolue, et le lord chancelier lui impute cette omission à crime capital,
Penry est en effet condamné à mort et exécuté.
Voilà le pouvoir qu'Elizabeth, qui termine la
maison de Tudor, laisse aux Stuarts en héritage.

Cet héritage est trop pesant pour eux : leurs
faibles mains sont incapables de le soutenir. Ja-

mais deux dynasties n'ont eu entre elles moins de ressemblance. Les Tudors sont une race de tyrans, mais ce qui les distingue de tant d'autres races semblables, c'est la fermeté de ses princes, leur énergie, leur persévérance. C'est une chose assez remarquable qu'une succession de cinq règnes où la même vigueur s'est continuée sans interruption. Henri VII, Henri VIII, Marie et Elizabeth sont quatre despotes qui, en inspirant plus ou moins d'horreur, ont tous commandé l'obéissance et appuyé, de toute la force d'une âme inflexible, l'audace de leurs despotiques et théocratiques prétentions. L'action du gouvernement ne s'était pas même rallentie sous la minorité d'Edouard VI. Vainement chercherait-on dans les Stuarts quelques traits de ce caractère général des Tudors. Ils formeront bien aussi les mêmes prétentions au pouvoir absolu, à l'autorité de droit divin, mais les Tudors avaient su s'emparer de ce pouvoir et l'exercer avant d'en établir la doctrine. Les Stuarts, trop inhabiles pour le pratiquer, en livreront imprudemment la doctrine aux discussions publiques, et par là exciteront eux-mêmes le peuple anglais à rechercher l'origine des usurpations royales et à révendiquer la jouissance des droits dont il avait été dépouillé; mais, comme il n'est pas besoin d'être

un grand prince pour proscrire ou laisser proscrire, le règne de cette famille qui, sous quatre
rois, ne durera que soixante-seize ans, sera un
long tissu de proscriptions, les unes, dirigées par
elle contre les amis de la liberté, les autres, dirigées par les amis ou les fanatiques de la liberté
contre elle et contre ses partisans. Dans cette
guerre à mort, un des Stuarts, le meilleur peut-
être, Charles I<sup>er</sup> succombe et cède le trône à un
usurpateur. Celui-ci fonde la prospérité de l'Angleterre : il lui donne l'acte de navigation et porte
sa puissance à un plus haut degré que ne l'avaient
fait ses rois. Le retour des Stuarts promet la paix
et ne fait que rallumer les haines. Toutes les passions s'enflamment de nouveau : le combat recommence entre toutes les libertés et toutes les
tyrannies. Jacques II, qui règne déjà sous son
frère, n'aura de force que ce qu'il en faut pour
compromettre le trône : il l'a compromis sous
Charles II ; il le renversera lorsqu'il l'occupera lui-
même. Nommer Tristan-l'Hermite, c'est rappeler
toutes les cruautés de Louis XI. Nommer Jeffryes
et le colonel Kircke, c'est rappeler toutes les
proscriptions judiciaires de Jacques II ; mais ce
qui distingue ce prince, de la manière la plus
odieuse, entre les proscripteurs de tous les âges,
c'est que, chassé de l'Angleterre et accueilli en

Irlande, il ne ressaisit dans ce second royaume
un jour de pouvoir que pour s'y rendre odieux à
ses propres partisans par les plus impolitiques
rigueurs. Le trône doit échapper pour toujours à
qui ne veut le reconquérir que par la proscription. J'écarte ici tout autre détail. Cette partie de
l'histoire d'Angleterre est celle qui, depuis plusieurs années, a le plus fixé l'attention publique.
Je traiterai ailleurs le sujet délicat des restaura-
tions, et ce n'est point en Angleterre que je pren-
drai l'exemple dont je ferai usage. Il ne serait que
trop facile de trouver de curieux rapprochemens
entre les suites du rétablissement des Stuarts et
celles du rétablissement de la maison de France;
mais si quelques-uns de ces rapprochemens ont
pu d'abord paraître trop fondés, l'affermissement
en France d'un ordre constitutionnel respecté
par le trône comme par le peuple, doit, chaque
jour, faire évanouir cette fâcheuse conformité, et
bientôt, nous l'espérons, tout parallèle entre les
deux époques sera inapplicable et impossible.

Au lieu de rapprochemens pénibles, il m'est
plus agréable de relever un contraste tout-à-fait
remarquable, qui se présente ici entre la conduite des maisons régnantes en Angleterre et
celle de la maison de France. Ce n'est pas assez
pour les Tudors, et surtout pour les Stuarts, de

jouir d'un pouvoir illimité ; ils veulent que cette illimitation soit consacrée par une reconnaissance authentique ; il faut que le droit divin soit enregistré par le parlement ; il faut qu'un acte législatif prononce que la volonté royale faisant loi ; le trône peut *dispenser des lois*. Toute la durée du règne des Stuarts est agitée par ces discussions : on se proscrit , on s'égorge pour elles sur les échafauds et sur les champs de bataille. Ce que prétendent les rois d'Angleterre avec tant d'éclat, les rois de France l'avaient obtenu d'une manière insensible et sans proscription. La puissance législative passée entre leurs mains, ne rencontrait d'entraves que dans la formalité peu gênante de l'enregistrement. Louis XIV seul est assez fort pour défendre les remontrances. Sous les autres rois , on peut contester le droit divin de la royauté : on peut même invoquer devant eux les droits de la nation, sans être arrêté par la crainte des supplices. Plus d'une fois, nos parlemens, quand le sort leur donnait d'estimables chefs, ont fait entendre aux rois de courageuses vérités. En 1766, les députés du parlement de Normandie rappellent à Louis XV le serment de son sacre, en termes qui insinuent qu'il existe un contrat entre le trône et la nation. Comment la royauté se vengera-t-elle de

cette proclamation de principes qui ne sont pas
les siens? En opposant des mots à des mots. « Le
» serment que j'ai prêté, répond le roi, non à
» la nation, comme vous prenez sur vous de
» l'assurer, mais à Dieu seul..... » et ce démenti
indirect donné à l'allégation du parlement de
Rouen, est la seule punition infligée à l'audace
qui a méconnu le droit divin de la couronne.

Sans se faire reconnaître *le droit de dispenser
des lois*, la maison de France ou plutôt la cour
prétend bien en réalité exercer ce droit, mais
elle n'y parvient pas sans avoir à vaincre une
vive résistance. Dans le procès si connu du duc
d'Aiguillon, Louis XV n'intervient d'abord
qu'avec un sentiment personnel de justice : il
entend avec plaisir les discussions du parlement; mais comme quelques orateurs se permettent de discuter les ordres mêmes qui
avaient dirigé la conduite du duc inculpé, on
fait aisément comprendre au roi qu'en laissant
le procès suivre cette direction, le pouvoir royal
se trouverait forcé lui-même de justifier ses or-
donnances. Le danger était réel dans un ordre
de choses, où la responsabilité remontait jusqu'au roi. On le décide donc à déclarer que *par
la plénitude de sa puissance, il arrête toute
procédure ultérieure et impose un silence*

*absolu sur toutes les accusations réciproques.*
Malgré cette déclaration faite en vertu de la
plénitude de la puissance royale, le parlement
rend le lendemain (1) un arrêt portant que le
*duc d'Aiguillon, étant gravement inculpé de
faits qui tachaient son honneur, ce pair est
suspendu de ses fonctions, jusqu'à ce que,
par un jugement rendu dans la cour des
pairs avec les formes solennelles prescrites
par les lois, il soit pleinement purgé et réin-
tégré.* Le lendemain, l'arrêt du parlement est
cassé par un arrêt du conseil, et, pour terminer
les débats, un lit de justice ordonne au parlement de cesser ses fonctions. « Je ne changerai
» jamais, dit le roi, » et il tient parole; mais,
l'ensemble des opérations de la cour n'ayant pas
été propre à lui gagner l'affection publique, et
le vœu national demandant le rappel du parlement, le successeur de Louis XV signale par ce
rappel le commencement de son règne. Au milieu de ces débats, la cour elle-même se partage, et les princes du sang se séparent du roi.
Des lettres de cachet leur apprennent que le
roi leur défend de paraître en sa présence. Il est

_____

(1) Le 2 juillet 1770.

15.

impossible sans contredit de voir une forme de
gouvernement plus vicieuse, une plus mons-
trueuse anarchie, mais il n'en est pas moins
vrai, et c'est là le but de ma remarque, que cette
anarchie, si funeste dans ses résultats pour la
masse de la nation, n'avait rien de dangereux
pour les chefs des partis rivaux, et surtout que
dans cette opposition des parlemens à la royauté,
le pouvoir royal n'a jamais été sanguinaire
comme en Angleterre. Le droit divin en France
ne manifestait sa colère que par des exils, et
par des exils dans l'intérieur.

A la vérité, la comparaison n'est pas rigou-
reusement exacte. En Angleterre la lutte est ouverte formellement entre la nation et le trône.
En France, si les parlemens réclament les droits
de la nation, ce n'est que pour se les attribuer
à eux-mêmes. Au fond ce n'est qu'un combat
entre deux pouvoirs également usurpateurs
qui, pour n'être pas forcés de recourir à la décision d'un plus grand maître, dont ils sont
peu jaloux l'un et l'autre de provoquer la sentence, ont intérêt à user entre eux de quelques
ménagemens. Quoi qu'il en soit de la différence
des causes, qui ont agi plus ou moins dans les
deux pays, la différence que j'ai relevée dans la

conduite de leurs maisons régnantes n'en est pas moins sensible et incontestable.

Comme nulle famille n'a porté la persécution plus loin que celle des Stuarts, nulle aussi n'a été plus vivement persécutée. Ils avaient été impitoyables pour leurs adversaires : on a été impitoyable pour eux.

La reine Anne fut forcée par le parlement de mettre à prix la tête de son frère, le chevalier de Saint-Georges. Elle promit quatre mille livres sterling à qui le livrerait. Le parlement porta cette somme à quatre-vingt mille livres.

En 1745, c'est-à-dire soixante-dix-sept ans après le détrônement des Stuarts, c'est encore par des proscriptions que leurs attaques sont repoussées. Une somme de trente mille livres sterling est promise, cette année, à qui livrerait le prince Charles Edouard.

La Convention nationale n'a pas mis à prix la tête des Bourbons.

Les actes de ce genre sont rares en France. Pour en trouver le premier exemple, il faut remonter au règne de Charles IX. Le parlement de Paris, sous le règne de ce prince, promit cinquante mille écus à qui livrerait ou tuerait l'amiral Coligny, et l'assassin, fût-il coupable du

crime de lèse-majesté, sa grâce lui était promise.
Une pareille proscription fut prononcée contre
Mazarin, avec promesse de la même récompense
de cinquante mille écus. Afin de fournir cette
somme, on faisait vendre la bibliothèque de
l'homme d'état qui, au milieu de sa mauvaise
comme de sa bonne fortune, ne cessait de diriger les négociations de Munster.

Il faut ranger parmi les fautes du ministère
de 1815 la mise à prix de la tête de Napoléon
Bonaparte; mais, au reste, cette dernière mesure
a été, pour ainsi dire, ratifiée par la déclaration
du congrès de Vienne, qui porte que *Napoléon
Bonaparte s'est placé hors des relations civiles et sociales, et que, comme perturbateur
du repos du monde, il s'est livré à la vin-
dicte publique.* Une pareille déclaration avait
besoin de la sanction du succès. Cette sanction
ne lui a pas manqué.

Nulle part le principe et l'effet des proscriptions, ne sont aussi caractérisés qu'en Angleterre. Quelques-unes à la vérité appartiennent à
cet esprit de politique moderne dont les progrès de la civilisation doivent, chaque jour, diminuer les exemples; mais le plus grand nombre
a été produit par deux causes patentes et mani-

festes En Angleterre, nul masque ne couvre les intentions. La royauté combat ouvertement pour le pouvoir absolu de droit divin : elle combat de même pour la suprématie en matière de religion : elle proscrit également tout ce qui résiste à l'une et à l'autre de ces suprématies. Le peuple anglais combat pour sa liberté religieuse, pour sa liberté politique : il rend proscriptions pour proscriptions. Enfin, après d'horribles bouleversemens et d'éclatantes catastrophes, les prétentions illégitimes de la royauté tombent avec la dynastie des Stuarts. Tout le sang qui a été versé par cette dynastie et par celles qui l'ont précédée, pour conquérir le despotisme politique et religieux, a coulé *inutilement*, et il existe encore des pays où la royauté recommence sans nécessité un combat qui ne peut manquer d'avoir une semblable issue !

## CHAPITRE III.

*Des Proscriptions politiques dans l'Empire depuis Charlemagne, et dans les Pays-Bas.*

L'HISTOIRE a été écrite comme elle a été faite, s'il est permis d'employer cette expression, c'est-à-dire que les princes et les grands y figurent seuls, et que les peuples n'y sont comptés pour rien. Il faut que les peuples se révoltent et que leur révolte soit heureuse pour qu'ils soient jugés dignes des regards des historiens; car, dans les rebellions qui ne réussissent pas, ils ne sont représentés que comme des séditieux que les princes ont eu raison de punir. Quelle que soit l'oppression qui pèse sur eux, leur plainte est crime, et leur châtiment, justice. « Malheur, dit Montesquieu (1), à tout prince « qui est opprimé par un parti qui est le do- « minant. » Ce malheur, qui n'est qu'accidentel

_____

(1) *Grandeur et Décadence des Romains.*

pour les princes, est un état permanent pour les peuples. C'est toujours sous l'influence du parti dominant, sous la dictée de leurs oppresseurs qu'ont été rédigées leurs annales. A peine les calamités des nations obtiennent-elles un signe de pitié. On ne les devine que par le récit des fréquentes catastrophes des princes qu'accompagne toujours la misère publique, presque au même degré dans les États du vainqueur et dans ceux du vaincu. C'est sous cet aspect que se présente à nous le continent européen, et particulièrement l'empire avant et depuis Charlemagne. Si le règne de ce fondateur de l'empire d'Occident est remarquable par d'étonnans succès, il ne l'est pas moins par ses proscriptions.

La race de Mérovée s'était éteinte en Childeric III, que Pepin avait fait enfermer (1) dans un monastère. Etienne III vint sacrer Pepin, comme de nos jours Pie VII est venu sacrer Napoléon Bonaparte. Plus prudent et plus adroit, Pepin sut conserver comme il avait su acquérir, et laissa un trône incontesté à son fils. Pour fonder l'usurpation, il vaut mieux être Pepin que Bonaparte, Louis XIV ou Charles XII.

---

(1) En 750.

Charles XII, Louis XIV et une foule d'autres
rois conquérans eussent été détrônés, comme
Bonaparte, s'ils eussent été, comme lui, des
princes nouveaux. Bonaparte se fût maintenu,
comme eux, s'il eût été prince par droit d'hérédité. Dans la seconde race de nos rois, Charlemagne, qui donne son nom à cette race, n'a
point l'embarras de la fonder : fils d'un usurpateur, il naît monarque légitime.

Les États de Pepin sont partagés entre ses
deux fils. Carloman meurt après quelques années de règne : le genre de sa mort est inconnu.
L'histoire se tait. Charlemagne prend possession
de l'héritage qui appartient à ses neveux. La
veuve de Carloman s'enfuit avec ses deux fils,
et se refugie d'abord auprès de Tassillon, duc
de Bavière, et ensuite auprès de Didier, roi de
Lombardie. Charles fait la guerre à Tassillon et
à Didier, et les détrône tous deux. Les fils de
Carloman et leur mère tombent entre ses mains.
Que devient la veuve de Carloman ? L'histoire
se tait encore. Que deviennent ses deux fils ? Ils
sont envoyés en France, et l'histoire continue à
se taire. C'est sous les Carlovingiens qu'elle a été
écrite. Nous ne pousserons pas trop loin la sévérité. Toutes ces usurpations, tous ces crimes
sont les mœurs du temps. Charlemagne est su-

périeur à son siècle sous beaucoup de rapports,
mais il en a toute la violence et toute la férocité.
Venu quelques siècles plus tard, il n'aurait pas
ordonné de sang froid le massacre de quatre
mille cinq cents Saxons, auxquels il demande de
lui livrer Witikind.

Ce fut surtout contre les Saxons que ce prince
dirigea l'établissement de ce redoutable tribunal, de cette cour veimique, puissance invisible, dont on ne connaissait les arrêts que par
leur exécution. Les juges, nommés par l'empereur, étaient inconnus; leurs agens, inconnus;
leurs jugemens secrets, souvent sans interroga-
toire, toujours sans confrontation des témoins
avec l'accusé. Quelquefois l'exécuteur des sentences était le plus jeune des juges. Ce tribunal
créé en 803, a subsisté quatre cents ans. Tout
tremble à son seul nom, jamais le proscrit n'é-
chappe à l'inévitable bras chargé de l'atteindre.
Le conseil des Dix à Venise, l'inquisition en Espagne, et ailleurs tous les tribunaux de proscription juridique qui ont existé depuis, ont été
fondés sur ce modèle. On serait même tenté de
croire que le projet d'une cour prévôtale à
Mayence, conçu dernièrement à Carlsbad, et
mis au jour à Francfort, aurait été calqué sur la
cour veimique. Nous rendre ce tribunal n'est

pas nous rendre Charlemagne. La carrière politique de ce prince se divise en deux parties
bien distinctes. S'il est oppresseur pour les
Saxons conquis, il est législateur pour la France:
il a le courage et l'habileté, admirable pour cette
époque, de faire entrer le peuple au Champ-
de-Mars, et de changer ce qui n'avait été sous
Pepin qu'une assemblée du clergé et de la noblesse en assemblée de la nation. Pourquoi ne
reproduire Charlemagne que dans sa conduite
envers les Saxons? Est-il plus difficile d'imiter
le législateur de la France que le conquérant,
créateur d'un tribunal de proscription pour des
peuples qu'il veut dompter? Les États d'Allemagne demandent à être traités comme États
héréditaires.

Malgré la sagesse des vues de Charlemagne,
cet empire qu'il a fondé croule déjà sous son fils
Louis-le-Débonnaire. La nation a été avertie de
ses droits, mais elle n'en a fait qu'un essai mo-
mentané et les passions intéressées du clergé et
de la noblesse amènent des bouleversemens au
milieu desquels tous les droits des peuples vont
disparaître pour long-temps. Charlemagne avait
préparé ce désordre en partageant ses États entre
ses trois fils comme un bien patrimonial, partage impolitique qui devait faire le malheur de

sa famille elle-même, comme des nations qu'il lui laissait à gouverner. Louis avilit sa dignité en se soumettant aux pénitences publiques que lui imposent les évêques; et la couronne impériale, dégradée sous ce prince et sous ses successeurs, tombera en 888 de la tête de Charles-le-Gros, aussi méprisable comme empereur que comme roi.

Les cruautés brutales d'une foule d'empereurs sont peu dignes d'attention. Pour échapper au dégoût sans échapper à la barbarie, il faut passer aux Othon, à Frédéric-Barberousse et arriver promptement à Charles-Quint.

Sous Othon I⁰ʳ s'engage une guerre systématique entre l'autorité impériale et les seigneurs des grands fiefs. Cette guerre aurait eu le même résultat qu'en France, si elle eût été suivie aussi habilement qu'elle était commencée. Othon dispose d'une foule de grandes dignités et de domaines : il transforme des évêques en princes : il enlève la Bavière à ses héritiers naturels et la donne à Henri son frère.

La formule de proscription en usage dans ces temps barbares est assez curieuse. En 1030, sous Conrad II, Ernest duc de Souabe est proscrit dans les termes suivans : « Nous déclarons ta

« femme veuve, tes enfans orphelins, et nous
« t'envoyons au nom du Diable aux quatre coins
« du monde. » Ce langage peint les mœurs. C'est
alors qu'on voit un fils perfide, Henri V, proscrire son père et poursuivre ses restes jusque
dans la tombe. C'est alors qu'un pape, Pascal II,
acharné sur le malheureux Henri IV, l'une des
plus éclatantes victimes du pouvoir pontifical,
écrit à un comte de Hainaut : « Poursuivez par-
« tout Henri, chef des hérétiques, et ses fauteurs:
« vous ne pouvez offrir à Dieu de sacrifices plus
« agréables. » Le crime de presque tous ces
princes n'eut pas même l'excuse d'un grand intérêt politique. On ne voit que de la cruauté
sans génie et de hautes infortunes sans dignité.

Les princes de Bavière ont eu, entre tous
les autres possesseurs de grands fiefs, le triste
privilége d'être le plus fréquemment mis au
ban de l'empire. Déjà la proscription les avait
frappés quatre fois, lorsque Frédéric-Barberousse dépouilla Henri-le-Lion des vastes Etats
que celui-ci possédait alors. Frédéric disposa, en
faveur de divers princes, de la Saxe et de la Westphalie et donna la Bavière à Othon de Wittels-
bach, dont la descendance, quoique frappée aussi
plusieurs fois des mêmes proscriptions, règne
encore dans ce pays.

Au commencement du xvi° siècle, l'Allemagne
est partagée (1) entre trois empereurs et l'église
entre deux papes. Ces divisions se reproduisent
sans cesse. La proscription est dans tous les partis. Cependant la justice trouve place quelquefois
parmi tant d'iniquités. Un prince de Virtemberg, le duc Ulric, opprime ses vassaux. La ligue
de Souabe s'arme pour les protéger : elle fait la
guerre à ce prince et le chasse de ses Etats; mais
elle abuse elle-même de la victoire : elle vend le
Virtemberg à Charles-Quint. L'esprit se trouve
frappé ici par un contraste bien honorable pour
le roi actuel de Virtemberg. Tandis que les autres princes d'Allemagne hésitent même à donner des constitutions à leurs peuples, le roi de
Virtemberg a été plus loin : il a formé un contrat
avec la nation qu'il gouverne et est entré avec
elle dans un patriotique concert pour la fixation
des bases de son gouvernement. D'autres refu-
sent de tenir leurs promesses : il a dépassé les
siennes, comme s'il voulait, par ce témoignage
de son respect pour les droits des hommes, expier les fautes de·ses ancêtres. L'exemple est
beau. Est-il beaucoup de maisons régnantes de

_____

(1) En 1520.

qui les peuples n'aient quelque expiation à prétendre?

La couronne impériale repose enfin sur une une tête digne de la porter. Charles-Quint ne mérite pas d'être rangé parmi les bons rois : c'est parmi les rois ambitieux et habiles, qu'à tort on nomme de grands rois, que la fortune a a marqué sa place. Exempte de la grossière cruauté des siècles précédens, sa politique ne sera pas exempte de mauvaise foi; mais du moins il rend hommage à la morale par les efforts qu'il fait pour justifier ses perfidies.

Charles-Quint donne un sauf-conduit à Luther pour se rendre à la diète de Worms. C'était aussi sur un sauf-conduit impérial que Jean Huss s'était rendu au concile de Constance. Les temps sont changés, et Charles ne flétrira point le commencement de son règne par une semblable indignité. Jean Huss avait été brûlé en dépit de la sauve-garde de Sigismond. Luther retourne en Saxe continuer son ouvrage

Peu de temps après, Charles ordonne d'arrêter Luther et ses adhérens : bientôt il met au ban de l'empire l'électeur de Saxe, les ducs de Brunswick et de Lunebourg, le grand-maître de l'ordre teutonique, Albert de Brandebourg, le

landgrave de Hesse et les évêques de Minden et
d'Hildesheim. Toutes ces proscriptions n'auront
un grave résultat que pour deux de ces princes,
l'électeur de Saxe et le landgrave de Hesse.

L'électeur Jean Frédéric, battu et fait prisonnier à Mühlberg, est livré à un tribunal in-
compétent, jugé contre toutes les lois de l'empire, contre toutes les formes judiciaires, et condamné à mort. Tout est préparé pour son supplice : il n'obtient la vie qu'en renonçant à son
électorat et en ordonnant au gouverneur de
Wittemberg d'ouvrir les portes de cette ville à
l'empereur. Le duc Maurice de Saxe est investi
de l'électorat, qui passe ainsi de la maison Ernes-
tine dans la branche Albertine.

La conduite de Charles V envers le landgrave de Hesse, fut peut-être plus odieuse encore. Philippe-le-Magnanime reçoit l'assurance
qu'il peut se rendre auprès de l'empereur sans
avoir rien à craindre pour sa liberté : l'expression allemande dont on avait fait usage portait :
sans avoir *aucune* (1) détention à craindre.
*Aucune*, dans cette langue, *einige*, ressemble

---

(1) *Es soll dem lantgrafen nicht gereichen zu einiger
gefangniss.*

au mot *ewige* perpétuelle. Philippe vient : on l'arrête : il réclame : les électeurs de Brandebourg et de Saxe, qui avaient été ses médiateurs, joignent (1) leurs plaintes aux siennes. Une misérable allégation de méprise fondée sur un jeu de mots, est la réponse de Granvelle, ministre de Charles-Quint. La promesse impériale, selon la ridicule interprétation de ce ministre, s'était réduite à tranquilliser le landgrave contre la crainte d'une prison *perpétuelle* (2). Le landgrave Philippe eut à souffrir cinq ans la plus cruelle captivité. Les deux négociateurs, sur la foi desquels ce prince s'était rendu à Hall, auraient pu démentir l'allégation de Granvelle; mais on ne donne point de dé-

---

(1) Charles-Quint, par un acte public, annulle l'engagement que Maurice de Saxe et l'électeur de Brandebourg avaient pris envers l'électeur de Hesse...., pouvoir pernicieux sur les lois de l'honneur, que les papes s'étaient seuls arrogé jusqu'alors. ROBERTSON.

(2) C'est là ce que l'on a nommé de la politique dans l'école moderne. En voici un trait plus violent encore. Le pape Urbain VI promet à des cardinaux, qui avaient été d'un parti opposé au sien, de ne leur faire jamais de mal *tant qu'il serait sur terre.* Embarqué avec eux sur une galère pour aller à Gènes, il les fait mettre dans des sacs et jeter à la mer. Quel bon vieux temps !

menti à de si grands princes au fort de leur
puissance. On se réserve de s'en venger quand
l'heure en sera venue. Ce moment viendra, et
c'est Maurice de Saxe qui aura l'honneur de la
vengeance. En donnant à l'Allemagne un nouvel
électeur, Charles V lui a donné un appui pour
toutes ses libertés. Tandis que Maurice semble
encore seconder l'empereur, les débris épars de
la ligue de Smalkade se réunissent et forment un
nouveau corps, qui fait un traité avec Henri II,
roi de France. Maurice le signe et en commence aussitôt l'exécution : il traverse l'Allemagne en vainqueur, et va poursuivre Charles V
jusque dans Inspruck, d'où ce prince n'a que
le temps de s'échapper (1) avec une très-faible
escorte. Le fruit des succès de Maurice est la
conclusion de la paix (2) de Passau, qui rétablit
la liberté de conscience et admet les protestans

---

(1) On prétend qu'il n'eût pas été impossible à Maurice de prendre Charles dans Inspruck : on le pressait
de hâter sa marche; mais il répondit : « Je n'ai pas de
« cage pour un pareil oiseau. » Le retour de Napoléon
Bonaparte échappé de l'île d'Elbe prouve qu'en effet de
pareils oiseaux ne sont pas faciles à garder.

(2) En 1552.

16.

dans la chambre impériale de Spire, indépendamment des stipulations relatives à la mise en
liberté du landgrave de Hesse, et à d'autres avantages qu'obtiennent les princes protestans. Ainsi,
dans un règne de trente-six ans, Charles-Quint
en emploie trente-deux à combattre la liberté
de conscience et à proscrire les princes qui la
défendent. Le résultat de tant d'efforts est pour
lui l'obligation de reconnaître cette liberté, et
d'accorder aux princes protestans une égalité
parfaite avec les princes catholiques. Il est à remarquer, en outre, que le despotisme qui tendait à étouffer la liberté religieuse, en donnant
aux princes d'empire l'appui de leurs peuples,
ardens à défendre cette liberté, leur a fourni en
même temps les moyens de conserver leur liberté politique, l'indépendance de leurs États.
La querelle, allumée et éteinte sous Charles V,
se réveillera sous ses successeurs, et l'issue sera
la même.

Il n'est question, comme on le voit, que des
malheurs des princes, et nullement des souffrances des peuples. C'est que l'histoire, ainsi que
je l'ai dit, s'est jusqu'à présent peu occupée du
sort des nations, et glisse avec une incroyable lé-
gèreté sur les maux qu'elles ont eu à souffrir
En franchissant quelques règnes remplis par des

débats, ou la politique fait sans cesse intervenir la religion, j'arrive à une contestation purement politique, celle des Hongrois avec la maison d'Autriche, sous le règne de Léopold Ier. Les Hongrois ne forment que des prétentions bien simples : ils réclament le maintien de leurs priviléges, dont l'Autriche veut les dépouiller.

En 1683, Jean Sobieski vient de délivrer Vienne. Léopold, qui voit du même œil ses sujets et ses ennemis, demande à Sobieski contre les Hongrois le secours des mêmes guerriers qui ont battu l'armée Ottomane. Les Polonais, peu jaloux d'opprimer chez une nation voisine la liberté qui est pour eux-mêmes le premier des biens, tâchent d'amener un accommodement entre les Hongrois et l'empereur. Les propositions que font les Hongrois sont avouées par la raison même. Ils demandent la confirmation de leurs priviléges, la liberté de conscience, la restitution des biens confisqués et la convocation d'une diète libre où puissent être réglés leurs autres intérêts. La cour de Vienne élude ces propositions et Sobieski se retire. Le combat se renouvelle : la cause du despotisme l'emporte. Quel triomphe! Des échafauds sont dressés dans Epéries, et des tribunaux ou plutôt des commissions fournissent un aliment journalier à l'activité de ces échafauds. Toutes les passions déchaînées transforment l'innocent en coupable. Ce massacre juridique, sans exemple dans l'antiquité, est un de ceux de l'histoire moderne dont le cours s'est prolongé le plus. Il dure neuf mois entiers. Les bourreaux sont las depuis long-temps, et on ne cesse de leur envoyer des victimes : la liberté de la Hongrie est noyée dans des flots de sang : cependant, à peine les historiens font-ils mention de ces atrocités. La plupart répètent à peu près le mot de Sylla : ce sont quelques mutins que la cour de Vienne a fait châtier. Combien l'amour du pouvoir absolu aveugle les princes ! à combien d'inutiles cruautés il les entraîne ! c'est pour soumettre la Hongrie au joug d'une domination illimitée qu'on décime ses habitans : on brave la haine de cette loyale nation pour lui ravir sa liberté ; et un demi-siècle plus tard, c'est au nom de cette liberté qu'on viendra implorer son appui. C'est en proclamant cette liberté que la petite-fille des empereurs réclamera leur foi et leur dévouement. Marie-Thérèse ne balancera pas alors à prêter l'ancien serment d'André II (1) : « Si moi ou quelques-uns de mes « successeurs, en quelque temps que ce soit

_____

(1) En 1222.

« veut enfreindre vos priviléges, qu'il vous soit
« permis, en vertu de cette promesse, à vous et
« à vos descendans, de vous défendre sans pou-
« voir être traités de rebelles. » Les peuples sont
généreux; quoique souvent trompés, ils aiment
à croire au repentir des princes : les Hongrois
conserveront à Marie-Thérèse l'héritage de ses
aïeux.

Joseph Ier, qui succède à Léopold, déploie dans
toute son étendue le pouvoir dont il a hérité.
L'un de ses actes les plus hardis est la proscription des électeurs de Bavière et de Cologne, al
liés à la France. Il fait transférer à Clagenfurth
les enfans de l'électeur et démembre l'électorat;
mais la France le fera rétablir à la paix d'Utrecht.
Nous avons vu précédemment quelle était la formule des proscriptions au xie siècle : on va juger
si la colère des princes est plus humaine au commencement du xviiie : voici quelques traits de
cette dernière proscription : « Nous déclarons
« que Maximilien, jusqu'à présent électeur de
« Bavière, a encouru de fait le ban et le reban
« de nous et du St.-Empire, ainsi que toutes les
« peines qui sont attachées de droit à de sem-
« blables déclarations : nous le déposons, le dé-
« clarons et dénonçons déposé, privé et déchu
« des grâces, priviléges, dignités, titres, pro-

« priétés, Etats, possessions, vassaux et sujets
« tels qu'ils soient; nous abandonnons le corps
« dudit Maximilien à tous et à un chacun, de
« manière qu'étant privé, de notre part et de
« celle de l'empire, de toute paix et de toute
« protection, et ayant été mis ou plutôt s'étant
« mis, par son propre fait, dans un état où il
« ne devait avoir ni paix ni sûreté, un chacun
« pourra tout entreprendre contre lui impuné-
« ment et sans forfaire. Défendons à tous et un
« chacun de lui donner l'hospitalité. » C'est en
1706 que ces déclarations meurtrières ont été
proférées contre un prince qui, en vertu des
droits de souveraineté garantis à tous les électeurs par la paix de Westphalie, était maître
de former des alliances au gré de ses vues et de
sa politique. Ces droits de souveraineté ont été encore plus solennellement proclamés depuis cette
époque ; mais que les Etats germaniques y prennent garde : ce n'est que dans l'indépendance
des peuples que réside véritablement l'indépendance des princes.

La position de Philippe II envers les Pays-Bas,
était à peu près la même que celle des princes
autrichiens envers la Bohème et la Hongrie. Les
anciennes Constitutions du Brabant portaient
que « si le souverain, par violence ou par arti-

« fice, voulait enfreindre les priviléges, les États
« étaient déliés du serment de fidélité, et pour-
« raient prendre le parti qu'ils croiraient con-
« venable. » Le serment imposé aux princes
avait été respecté par Charles-Quint : il ne le
fut point par son fils. La fausse politique de ce
dernier le porte à chercher dans le mécontèn-
tement de ses sujets un prétexte pour les
dépouiller de leurs priviléges, et pour les
soumettre à un pouvoir absolu. Il excite à dessein ce mécontentement : il saisit surtout avec
joie l'occasion des troubles religieux qui écla-
tent, pour couvrir de l'apparence d'un saint
zèle, ses projets de despotisme et d'asservissement. Fanatique et perfide tout ensemble, il se
fait dégager de son serment par la cour de
Rome, afin d'être tyran en sûreté de conscience.
Mais si d'abord il se réjouit plus qu'il ne s'afflige des premiers mouvemens des révoltés, si
même il provoque leurs excès en leur donnant
de justes motifs de plainte, il éprouve bientôt
qu'un peuple qui a le sentiment de son indépendance originelle, ne se laisse pas aisément
replacer sous le joug dont il s'est une fois af-
franchi. En vain Philippe espère dompter tous
les courages par d'odieux exemples de rigueur;
en vain il fait tomber les têtes des comtes do

Horn et d'Egmont; en vain le sang coule tout
à la fois par le glaive des soldats et par la hache
des bourreaux, les *gueux* bravent le duc d'Albe
et comme bourreau et comme soldat : ils meurent dans les supplices sans lui demander grâce,
et ceux qui survivent ne cesseront de combattre
qu'après la victoire. La mer vient au secours de
la terre : dignes rivaux de leurs frères qui se
battent en rase campagne, *les gueux de la mer*
attaquent les bâtimens espagnols, et enlèvent au
commerce de cette monarchie l'argent avec lequel
sont payées les troupes qui triompheront d'elle.
Les peuples des Pays-Bas ne sont plus de misérables révoltés ; c'est une nation qui, usant des
droits que lui garantit sa constitution même,
finit par déposer solennellement le prince vio-
lateur du serment qu'il lui a prêté, et du contrat
qui garantissait leurs droits mutuels : Philippe
a cessé d'être pour elle prince (1) légitime ; il est
proclamé son ennemi (2), et il prendra soin de
justifier ce titre.

Quelle que soit la barbarie des actes de proscription que nous avons cités précédemment,

_____

(1) *Philippo, ob violatas leges imperium abrogatum
est : lataque in illum sententia..... ut qui princeps hac-
tenùs erat, hostis vocaretur.* Grotius.

(2) En 1581.

tous sont surpassés par l'édit de Philippe contre
Guillaume de Nassau, prince d'Orange. Après un
long exposé de griefs, l'édit porte ces mots :
« Ayant dessein de récompenser la vertu et de
« punir le crime, nous promettons, en foi et
« parole de roi et comme ministre de Dieu, que
« s'il se trouve quelqu'un ou de nos sujets ou
« des étrangers, assez généreux de cœur et assez
« désireux de notre service et du bien public,
« qui sache le moyen d'exécuter notredite or-
« donnance et de délivrer le monde de cette
« peste, en nous le livrant vif ou mort, ou en lui
« ôtant la vie, nous lui ferons donner et fournir
« pour lui et ses héritiers, en fonds de terre ou
« en deniers comptans à son choix, incontinent
« après la chose effectuée, la somme de vingt-
« cinq mille écus d'or. Que s'il a commis quel-
« que crime, quelque grief qu'il puisse être,
« nous promettons de le lui pardonner et dès
« maintenant même nous le lui pardonnons.
« Même s'il n'est pas noble, nous l'ennoblissons
« à cause de son courage. Que si le principal en-
« trepreneur prend d'autres personnes pour l'as-
« sister dans son entreprise ou dans l'exécution
« de son fait, nous leur ferons du bien et les ré-
« compenserons, donnant à chacun d'eux selon
« leur rang et le service qu'ils nous auront rendu

« à cet égard, leur pardonnant aussi les crimes
« qu'ils pourraient avoir commis, et même les
« ennoblissant. » Dans cet édit d'un puissant
monarque, on ne sait ce qu'on doit admirer le
plus ou de l'hypocrisie effrontée qui en demandant un meurtre, s'annonce comme revêtue
d'un ministère divin pour punir le crime et récompenser la vertu; ou de la méthodique vengeance qui calcule les moyens de se créer des
instrumens, ou de la munificence proportion-
nelle qui se réserve de graduer la récompense des
complices selon leur rang, ou enfin du mépris
public de toutes les lois de l'honneur, mépris
porté jusqu'à faire de l'anoblissement le prix
d'un assassinat. Dans l'art de proscrire et de payer
la proscription , Venise seule peut le disputer à
Philippe II. Le prince d'Orange répondit à cet
indigne arrêt par un éloquent manifeste : il fit
mieux ; il y répondit par des victoires, mais il
n'échappera pas aux sicaires de Philippe, et ce
monarque, infidèle envers ses peuples, sera fidèle envers l'assassin de Guillaume. Balthasar-
Gérard reçoit sa récompense et sa famille est
anoblie. La noblesse même, par spéciale faveur,
s'y transmet par les femmes. Depuis que la Fran-
che-Comté a changé de maître, un intendant
français a replacé cette famille dans la roture. La

gent taillable et corvéable a droit de s'en plaindre.
Elle ne réclamait pas contre les anoblissemens
de Philippe II.

Cependant les proscriptions, même exécutées, ne suffisent pas pour reconquérir un
pays qui a été forcé de chercher son salut dans
l'indépendance. Une guerre prolongée ne fait
qu'épuiser l'Espagne, et la nécessité la force, en
1609, à traiter avec les Hollandais comme avec
une *nation libre*. Enfin, après quatre-vingts ans
d'une lutte qui n'avait été interrompue que par
cette trève de 1609, l'Espagne, en 1647, reconnaît à Munster, de la manière la plus absolue,
l'indépendance et la souveraineté des Provinces-
Unies, et renonce à toute espèce de prétention sur
ces Provinces. C'est là le fruit de tant de combats et même de victoires : c'est là qu'aboutissent
les brillantes campagnes de dom Juan d'Autriche, de Spinola et du duc de Parme. Mais du
moins, dans la guerre ouverte, la vaillance a
combattu la vaillance : étrangers aux crimes des
cabinets, les soldats font loyalement une guerre
dont le principe est déloyal : ce qui révolte tous
les cœurs, ce qui n'est susceptible ni de compensation ni d'adoucissement, ce sont les assassinats
judiciaires, ce sont les massacres du duc d'Albe.
Que de sang versé pour un but qu'on n'a pas atteint! quel exemple de l'inutilité des proscriptions!

~~~~~~~~~~~~~~~~~~~~~~~~~~~~~~~~~~~~~~~~~~~~~~~~~~~~~~~~~~~~~~~~~~

# CHAPITRE IV.

*Des Proscriptions de la Monarchie pontificale.*

Lorsque l'on considère que la plupart des découvertes nouvelles tournent au malheur des
peuples, on est tenté de se ranger à l'avis des
hommes qui voudraient que le genre humain
fût stationnaire. La difficulté est de s'entendre
sur le point où commencerait cette immobilité.
Nos amateurs du temps passé ne sont au fond
amateurs que de choses modernes. S'ils aiment
à remonter à des temps qui ne sont plus, ils
n'arrivent pas jusqu'à l'antiquité, c'est à une
ancienneté de quelques siècles que s'arrêtent
leurs regrets. Ce ne sont pas les beaux jours de
la Grèce et de Rome, qui plaisent à leur imagination, ce sont les beaux jours du moyen âge.

L'antiquité n'a connu ni la puissance féodale,
ni la puissance ecclésiastique. Pour balancer
ces deux institutions, déplorable résultat du
triomphe de la force sur la faiblesse, et de la
ruse sur l'ignorance, l'esprit humain a rencontré,

chemin faisant, quelques autres découvertes plus heureuses. Au nombre de ces dernières, il faut, suivant un écrivain ingénieux, placer, qui le croirait? la poudre à canon. Sans examiner s'il est ou non démontré que les guerres soient aujourd'hui moins meurtrières qu'autrefois, il est certain qu'indépendamment de cette considération, l'invention de la poudre a toujours été un bienfait pour l'humanité, puisqu'elle a contribué à renverser la barrière qui séparait les seigneurs et les vassaux, et à ramener l'égalité entre les uns et les autres, en égalisant leurs armes sur le champ de bataille ; mais si l'égalité des armes a ramené l'égalité de fait le jour du combat, une autre découverte, plus puissante que la poudre à canon, l'imprimerie, a mis le genre humain à portée de reconquérir l'égalité de droit, l'égalité devant la loi. C'est avec raison que tous les genres de despotisme sont conjurés contre l'imprimerie. Sa destinée est de les détruire tous, s'ils ne la détruisent pas, et la détruire est maintenant impossible : elle ne s'arrêtera dans son cours qu'après avoir abattu toutes les tyrannies, qu'après avoir consommé l'affranchissement physique et moral des peuples. On peut rallentir sa marche ; on ne saurait la faire rétrograder. Que de services n'a-t-elle pas

déjà rendus, même aux nations dont les gouvernemens la repoussent, ou enchaînent son activité ! c'est elle qui a réveillé dans le cœur des
hommes abrutis par la servitude, le sentiment
de la dignité de leur être : c'est elle qui a montré
et les crimes de la puissance et la misère des
peuples ; qui a dépouillé de ses vains prestiges
la fabuleuse histoire de ces paladins, de ces
preux tant vantés, qui n'étaient, sauf quelques
exceptions, que des brigands fameux et d'in-
fâmes oppresseurs. C'est elle surtout qui a si-
gnalé les envahissemens de l'autorité sacerdo-
tale, et désarmé le Vatican de ses foudres.

Parmi les inventions funestes dont l'ère chrétienne s'est enrichie, la plus pernicieuse assurément, celle qui a produit le plus de maux et de
désastres est l'excommunication, telle qu'elle a
été conçue et pratiquée par les papes. C'est en
considération de l'application qui en a été faite,
comme instrument de force extérieure, que
j'en place les effets parmi les proscriptions politiques. Dans les mains des souverains pontifes,
les foudres de l'excommunication équivalent à
des armées. Plus rapides même que les armées,
elles portent en un instant la désolation au-delà
des Pyrénées et des Alpes, dans les îles de
l'Océan et sur les bords de la Baltique. Elles

frappent à mort de loin comme de près, et la distance n'en amortit point la force. La politique les réclame autant que la religion les désavoue. Quant aux persécutions que le Saint-Siége a pu exercer contre les hérétiques, dans ses propres États, elles trouveront place parmi les proscriptions religieuses.

Les prêtres dans l'antiquité n'étaient que les instrumens des chefs des Etats, Ils priaient ou maudissaient selon l'ordre des gouvernemens : c'était contre des citoyens impies, contre les ennemis de l'Etat qu'étaient dirigées les imprécations publiques. Les imprécations consistaient dans des formules terribles dont l'expression (1) seule inspirait l'horreur. On invoquait les divinités infernales et surtout les furies. Quoique le motif de ces imprécations eût toujours sa source dans un sentiment religieux, quelquefois les prêtres osaient désobéir aux gouvernemens, mais, dans l'intérêt de l'humanité. Lorsque les Athéniens ordonnèrent des imprécations contre Alcibiade : « Je suis établie, répondit la prêtresse « Théano, pour attirer sur les hommes les bénédictions et non les malédictions du ciel. » Com-

_____

(1) *Carmen exsecrabile, vota feralia, diræ deprecationes.*

17

bien le sacerdoce moderne est loin d'avoir jugé
ainsi des devoirs de son ministère !

Les Hébreux et les Juifs, les Grecs et les
Romains, ont eu leur excommunication. Les
Druides (1), comme les pontifes juifs, romains
et grecs, marquaient du sceau d'une réprobation redoutable les hommes auxquels ils
avaient interdit leurs mystères. On fuyait leur
rencontre : on craignait d'attirer sur soi une
partie de la malédiction amassée sur leur tête.
Mais c'est surtout chez les Juifs que l'excommunication avait été le plus en usage. Elle s'y dis-
tinguait en *majeure* et en *mineure*. L'église
chrétienne l'a de même divisée en excommunication *médicinale* et en excommunication *mortelle*. Lorsque les souverains pontifes l'ont employée contre les princes et les rois, comme elle
n'était alors que le javelot de leur politique,
c'est presque toujours l'excommunication mortelle qu'ils ont lancée. Sans doute considérés
comme chrétiens, les rois peuvent être ainsi que

---

(1) *Sacrificiis interdicunt. Hœc pœna apud eos est gra-
vissima. Quibus ita est interdictum, ii numero impiorum
ac sceleratorum habentur. Iis omnes decedunt, aditum
eorum sermonemque defugiunt, ne quid ex contagione
incommodi accipiant.* Cæs. *De Bello Gallico.*

tous leurs frères, soumis aux privations spirituelles que l'Eglise croit devoir leur imposer.
Je m'abstiendrai de juger, comme question politique, la conduite de St.-Ambroise fermant à
Théodose l'accès du sanctuaire. Dans cette circonstance, le prince était coupable. Il se pré-
sentait au temple comme chrétien : le prélat
chrétien, qui lui en défend l'entrée, se montre
à la fois l'organe du ciel et le vengeur de l'humanité; mais ce qui fut sans inconvénient à cette
époque pourrait avoir les plus graves conséquences dans des temps où la barrière entre la
puissance temporelle et la puissance spirituelle
ne serait pas aussi solidement établie qu'elle
l'était alors. Cette barrière a depuis été trop souvent renversée, et les Ambroise ont eu des Grégoire VII et des Boniface VIII pour successeurs.
L'excommunication que nous allons considérer
ici est celle dont se sont si habilement servis ces
derniers pontifes dans l'intérêt de leur politique
tout humaine : elle n'est rien, en ce sens, que l'arme
de la proscription. Ce fut surtout un genre nouveau et bien cruel de proscription, que celui par
lequel un homme regardé comme le vicaire de
Dieu sur la terre faisait trembler tous les souverains, les déclarait déchus de la couronne, les
mettait hors la loi commune, hors la société, et

17.

disposait de leurs États. Frappé de ce redoutable
anathème, un roi n'était plus qu'un de ces pa-
rias de l'Inde, dont on fuit l'approche, dont on
évite le contact. On a vu un roi (1) de France
abandonné de sa cour et servi seulement encore
par deux fidèles domestiques qui purifiaient par
le feu tout ce qu'il avait touché. Les chefs du
sacerdoce chrétien ont eu, comme les prêtres de
l'antiquité, leurs paroles votives et leurs *exé-
crations* menaçantes ; mais plus redoutables
qu'eux, indépendans des princes ou bravant leur
pouvoir, et se constituant même juges des rois,
ils ne se bornent point à livrer au courroux céleste les têtes qu'ils ont proscrites, ils cherchent
contre elles des auxiliaires terrestres, ils arment
le sujet contre le prince, le fils contre le père, ils
encouragent le meurtre et bénissent les assassinats.

Ce n'est pas une chose aisée que de déterminer le principe des proscriptions ecclésiastiques.
Les passions humaines s'y confondent avec un
amour de la religion quelquefois très-sincère,
en sorte qu'il y a plusieurs de ces violens pros-

---

(1) En 998, Robert excommunié par Grégoire V pour
avoir épousé sa parente a 1 quatrième degré.

cripteurs qui ont cru honorer Dieu, en marchant
sur la tête des rois.

Dans ce que la proscription ecclésiastique a
de plus cruellement raffiné, il faut placer d'abord
le droit que se sont arrogé les papes de dégager
les sujets de leurs sermens envers les souverains,
et de transférer à d'autres princes la couronne
dont ils dépouillent leur ennemi. Ainsi Grégoire
VII, non content d'avoir réduit l'empereur
Henri IV à venir implorer à genoux son pardon,
déclare ensuite qu'il lui ôte la couronne (1) et
qu'il donne le royaume teutonique à Rodolphe.
Ainsi Innocent III (2) met l'Angleterre en interdit et en transfère la couronne à Philippe-
Auguste. Ainsi Boniface VIII (3) donne la couronne de France à Albert d'Autriche. Ces do-
nations n'ont d'effet qu'autant que des circonstances heureuses en secondent l'exécution; mais
l'ambition des princes se garde bien de mettre
en doute les droits des papes sur les couronnes,
lorsque l'usage de ces prétendus droits a lieu en
leur faveur : presque tous, après avoir été excom-

_____

(1) En 1078.
(2) En 1199.
(3) En 1303.

muniés eux-mêmes, après avoir, comme Philippe-
Auguste, proclamé insolentes et abusives les
bulles dirigées contre eux (1), sont toujours prêts
à regarder comme valides et légitimes celles qui
leur offrent les dépouilles d'autrui. A quel principe faut-il attribuer ces sortes de proscriptions
prononcées par la puissance pontificale? *à l'orgueil, à l'ambition, à la vengeance,* à tout,
hors ce qui en est le prétexte, la religion.

Les combats de la royauté et du pontificat ne
sont peut-être pas ce qu'il y avait de plus malheureux pour les peuples. De plus grands maux
sont sortis de l'alliance de ces deux pouvoirs.
Combien les peuples ne sont-ils pas à plaindre
lorsque le nom de la religion vient appuyer la
tyrannie, lorsque la cruauté des princes est sanc-
tifiée par l'Église; lorsqu'Adrien IV, par exemple,
donne l'absolution aux soldats de Frédéric-Barberousse, en déclarant que *verser du sang pour
maintenir* (2) *le pouvoir des princes, c'est
venger les droits de l'empire;* lorsque dans
Rome des processions solennelles rendent grâces

_____

(1) C'est contre Philippe-Auguste qu'Innocent III
fait cette fameuse exclamation : « Glaive, glaive, sors
« du fourreau et aiguise-toi pour tuer! »

(2) En 1155.

à Dieu du massacre de la Saint-Barthelemi! Asso-
cier le ciel au crime des hommes, c'est ajouter
l'impiété à la barbarie : c'est imiter Catilina qui,
après avoir égorgé Gratidianus, lave ses mains
dans l'eau lustrale du temple d'Apollon.

La complicité des princes donnait surtout de
la réalité aux proscriptions des papes. Grégoire
XI est en contestation avec Florence. Ce n'est
qu'un État faible attaquant un État faible, et les
armes sont à peu près égales, mais l'inégalité dis-
paraît bientôt. Grégoire a dans ses mains le glaive mortel de la proscription, et il en frappe sans
pitié son ennemi. Il ordonne *à tous les prin-*
*ces* (1) *amis de l'Église de confisquer les biens*
*des Florentins; de saisir leurs personnes et*
*de les vendre comme esclaves;* et il se trouve
des princes empressés de se montrer les *amis de*
*l'Église,* ardens à recueillir le fruit de l'injustice,
heureux de couvrir leur avidité d'une apparence
de zèle pour cette religion dont ils violent les
plus saintes maximes.

Entre les excommunications dont l'esprit et
la forme accusent le plus scandaleusement la
violence des passions qui les ont dictées, l'his-

(1) En 1376.

toire a surtout recueilli, comme monument de
la plus inconcevable furie, celle qui fut lancée
par Clément VII contre l'empereur Louis de
Bavière. « Que Dieu, dit ce pontife, le frappe de
« folie et de rage, que le ciel l'accable de ses
« foudres, que la colère de Dieu et celle de
« Saint-Pierre et Saint-Paul tombent sur lui
« dans ce monde et dans l'autre. Que l'univers
« entier se ligue contre lui; que la terre l'en-
« gloutisse tout vivant. Que son nom périsse
« dans la première génération, et que sa mé-
« moire disparaisse de la terre; que tous les
« élémens lui soient contraires; que ses enfans,
« livrés entre les mains de ses ennemis, soient
« écrasés sous les yeux de leur père ! » Qui reconnaît à ce langage le premier pontife d'une
religion de paix et de charité! L'atrocité des
malédictions est un des priviléges de la triple
couronne. Les manifestes des rois n'ont jamais
été jusque là.

L'arme des excommunications était depuis
long-temps émoussée en Italie lorsqu'elle conservait encore toute sa puissance dans le reste de
l'Europe. Dès le xiii⁰ siècle, les Italiens avaient
cessé de les craindre, et les ministres du Saint-
Siége refusaient eux-mêmes d'en prodiguer l'im-
puissante menace. Un cardinal légat, chargé

d'excommunier les habitans de Brescia, repré-
sente(1) au souverain pontife que les Florentins
n'ont tenu aucun compte de l'excommunication
du cardinal évêque d'Ostie; les Bolonais, de celle
du cardinal Napoléon des Ursins; les Milanais,
de celle du cardinal Pellagrue. On sait comment
elles ont, de tout temps, été reçues à Venise.
Le trait de Bernabos Visconti, qui, ayant conduit
sur un pont deux cardinaux envoyés pour l'excommunier, et leur donnant le choix de manger
ou de boire, les contraint à manger les bulles (2)
avec les sceaux dont elles étaient revêtues, est
un acte affreux, digne de cette race de tyrans,
mais il prouve dans quel mépris étaient tombées
les sentences pontificales que la force ne soutenait pas.

Si des passions particulières, si des intérêts
temporels ont trop souvent produit les excommunications, quel sera du moins le principe de
celles qui sont prononcées par une réunion des
chefs de l'Église, par un concile ? Un réforma-
teur de bonne foi, Jean Hus, se rend à Constance avec un sauf-conduit de l'empereur Sigis-

(1) En 1311.
(2) En 1369.

mond : au mépris de ce sauf-conduit, il est condamné à être brûlé vif, et sa sentence est aussitôt exécutée. Le même supplice attend Jérôme de Prague : la même sérénité, la même résignation les accompagnent tous deux sur le bûcher. Quel sentiment, si ce n'est le plus aveugle fanatisme, pourrait arracher à une assemblée nombreuse d'hommes plus ou moins éclairés des arrêts aussi cruels ? Ou bien faudrait-il supposer à un conseil d'évêques la politique profane du conseil de Venise, et n'imputer la proscription qui frappe les novateurs qu'à l'intérêt d'un corps dont la principale pensée est de maintenir, par tous les moyens, ses richesses et sa puissance ?

Un certain nombre de pères du concile sentaient que les reproches faits à l'Eglise n'étaient pas sans fondement, et ils se disposaient eux-mêmes à entreprendre la réforme. La cour de Rome saura s'y soustraire ; mais elle n'en montrera que plus de sévérité contre tous les réformateurs. « Nous ordonnons (1), dit Eugène IV
« dans une bulle de proscription contre les hus-
« sites, nous ordonnons d'attaquer la personne
« des hérétiques, de les saisir, de les perdre et
« de les exterminer ; de sorte qu'il n'en reste

_____

(1) En 1431.

« point de mémoire dans les siècles à venir. »
Les têtes dévouées (1) par les prêtres de l'antiquité, étaient abandonnées aux dieux : c'est à la
main, c'est au fer des hommes qu'Eugène livre
tous les malheureux dont la croyance différera
sur quelques syllabes du formulaire despotique-
ment imposé par la cour de Rome. Quel tyran,
quel chef de parti, entraîné par l'orgueil de là
victoire, ordonna jamais, en termes plus précis,
le meurtre et le carnage ? Et pour quel crime !
Comment ce qui doit être le moins inoffensif, le
plus pacifique, le plus indulgent sur la terre,
l'amour de la religion, peut-il dicter le même
langage, inspirer les mêmes fureurs que les plus
fougueuses des passions humaines !

Plus d'une époque est à distinguer dans le règne des papes. Malgré les déclamations perpé-
tuelles qui peignent la corruption comme toujours croissante, c'est un fait évident que, depuis quelques siècles, les mœurs publiques sont
singulièrement adoucies ; c'est un fait en particulier incontestable, que, surtout depuis le concile de Trente, la pourpre romaine a cessé d'être
déshonorée, autant qu'elle l'avait été jusqu'alors,
par tous les vices et par tous les genres d'atten-

_____

(1) *Capita sacra.*

tats. Il n'est pas de même bien démontré que le
genre humain ait, sous un certain rapport, ga-
gné à ce changement des habitudes de la cour
de Rome. La ferveur, qui a pris la place du re-
lâchement, s'est montrée sévère, trop souvent
sans nécessité, et même au grand préjudice de la
religion. Un rigorisme, plus ou moins vrai, a
succédé à l'audace d'une dissolution non dissi-
mulée, et, pour paraître austère, on s'est fait
persécuteur. Aussi long-temps que les papes
n'ont considéré la religion que comme un moyen
de puissance, la lutte n'existait qu'entre eux et
les rois, et le conflit de ces despotismes rivaux n'a
pas toujours été nuisible aux peuples; mais, lorsqu'un certain équilibre s'étant établi entre l'une
et l'autre puissance, toutes deux ont senti pour
elles-mêmes l'importance de leur union; si plus
de vertus privées ont brillé sur le trône pontifical,
parmi ces vertus, il a toujours fallu compter le
zèle pour la religion, et le zèle pour la religion,
tel qu'ils l'ont entendu, a été un état de guerre
contre l'humanité. Dans le temps de leur dépravation la plus effrénée, les papes ne prêchaient
de croisades que contre les musulmans : depuis
leur renonciation aux vices de leurs prédécesseurs ou du moins à la scandaleuse ostentation
de ces vices, leur zèle sincère ou affecté s'est

changé en un fanatisme ardent et irascible, dont l'intérêt personnel et l'intérêt de corps n'ont pu qu'augmenter la violence.

C'est une singulière position que celle des papes, et il serait injuste de ne pas leur tenir compte des difficultés de cette position. Les qualités qui leur valent une apothéose, le zèle pour la religion, par exemple, sont celles dont l'exagération produit souvent pour le genre humain les plus déplorables effets ; et, pour être les bienfaiteurs de l'humanité, il faut presque qu'ils renoncent à ce qui leur est imposé comme devoir de leur état par l'ignorance qui canonise. Pour être vraiment vertueux, il faut qu'ils se privent de la récompense due à la vertu. Il est un fanatisme pour ainsi dire obligé, qui appartient à la tiare, un fanatisme froid, qui passe uniformément dans tous les esprits, qui s'amalgame avec toutes les corruptions, qui s'unit à l'impiété, à l'athéisme même. Tel pape, dont la croyance en Dieu peut justement être suspecte, aura été fanatique par devoir ou par une inspiration de position qui lui en aura fait un devoir. Il y a donc toujours eu du fanatisme dans les proscriptions des papes, *fanatisme de religion, fanatisme de pontificat, fanatisme d'ambition, fanatisme d'orgueil et souvent un fa-*

*natisme composé, dans lequel ces divers prin-*
*cipes se trouvaient réunis et confondus.*

Une grave différence se fait remarquer entre
les proscriptions de Rome moderne et celles de
tous les autres pays. Le souverain le plus puissant, le tyran le plus redoutable ne peut proscrire que dans ses Etats, ou du moins, si sa main
s'étend quelquefois au-dehors, elle ne peut y
atteindre que des sujets exilés ou fugitifs. Le chef
de l'Eglise romaine a seul le droit d'ordonner des
proscriptions dans toutes les contrées chrétiennes. S'il commande en argent les plus légers tri-
buts, sa puissance peut rencontrer des obstacles;
mais s'il demande en tribut le sang des hommes,
tous les peuples de sa religion sont pour lui des
sujets contre lesquels il peut porter des sentences
de mort : tous sont des esclaves obéissans prêts
à exécuter ses ordres contre leurs concitoyens,
leurs amis, leurs frères. Le haut degré de domination auquel est parvenue la puissance de
l'homme qui parle comme souverain pontife, est
un de ces phénomènes qu'on n'a vus qu'une fois
et qui ne se renouvelleront pas. L'éloignement
des lieux, l'intervalle des mers, rien n'arrête le
trait lancé par une main inévitable, rien n'éteint
la foudre partie du Vatican. Une étincelle de la
colère pontificale suffit pour allumer, en un mo-

ment, des bûchers dans tous les coins du globe. De Lisbonne à Goa, de Madrid au fond du Mexique, les dociles instrumens des volontés du Saint-Siége croient, en versant le sang de leurs frères, se rendre agréables à Dieu par ces barbares sacrifices.

On a vu dans le premier livre de cet ouvrage que les proscriptions de Venise et de Florence avaient pour caractère particulier, celles de Venise, *la permanence ;* celles de Florence, *la périodicité.* Entre les proscriptions de tous les pays, celles du pontificat romain ont pour trait distinctif *l'universalité.* Cependant qu'a produit cette universalité de destruction? Les papes ont voulu régner par le glaive et le glaive s'est brisé dans leurs mains. Leurs passions comme princes leur ont enlevé leur ascendant comme pontifes : ils ont étendu une main pesante sur les peuples et les peuples se sont éloignés d'eux. De tant de grandeur, de domination, de bûchers, que reste-t-il maintenant? De la haine, des débris et des cendres.

FIN DU SECOND LIVRE.

# TABLE.

## LIVRE TROISIÈME.

DES PROSCRIPTIONS RELIGIEUSES , OU DU COMBAT DE
LA LIBERTÉ DE CONSCIENCE CONTRE L'INTOLÉRANCE
ET LA PERSÉCUTION.

# LIVRE TROISIÈME.

*Des Proscriptions réligieuses, ou du combat de la liberté de conscience contre l'intolérance et la persécution.*

## CHAPITRE PREMIER.

*Considérations génér ales.*

LES proscriptions religieuses sont, comme celles qu'a occasionnées le gouvernement féodal, une malheureuse propriété qui n'appartient qu'à l'ère moderne. Non contens des discussions que font naître entre elles les affaires de la terre, les nations qui se sont élevées sur les ruines de l'empire romain ont voulu se créer de nouvelles causes d'inimitié et de haine dans la différence du culte qu'elles rendent à la Divinité. On ne combat plus seulement pour se soustraire à la

18

violence, pour venger un outrage : on combat
pour forcer ses adversaires de renoncer à leurs
dieux, de se prosterner devant d'autres autels :
c'est leur pensée qu'on attaque ; c'est contre leur
opinion qu'on prend les armes. Cette déplorable
frénésie est commune à la religion mahométane
et à la religion chrétienne. Charlemagne va,
comme Mahomet, convertir les peuples l'épée à
la main, et en même temps que les chrétiens
font la guerre aux nations étrangères pour leur
faire embrasser le christianisme, ces mêmes
chrétiens s'égorgent entre eux pour une légère
diversité dans le formulaire de leur croyance.

C'est une pensée effrayante qu'indépendamment de tous les maux physiques auxquels
l'homme est condamné par la nature, et de toutes
les douleurs sociales auxquelles il est exposé
comme membre d'un corps politique, il ait de
plus le pouvoir et, pour ainsi dire, la vocation
de faire jaillir du sein des choses les plus salutaires, de fécondes sources de malheurs, vocation
cruelle, qu'il semble être toujours impatient de
remplir. Quelquefois la création d'un mot qui
n'existait pas ou l'abus d'un mot déjà en usage
suffit pour ouvrir le passage à un déluge de calamités. La politique a eu récemment parmi nous
ses mots exterminateurs. La religion a de même

les siens, et la puissance de ceux-ci n'est pas la
moins terrible. Le jour où le mot d'hérésie a été
articulé pour la première fois, ce jour-là un arrêt de mort a été prononcé contre des millions
d'hommes. En dévouant des millions d'hommes
au rôle de proscrits, ce mot a dévoué des milliers
de prêtres, de princes et de magistrats au rôle
de proscripteurs.

Par quelle fatalité la religion, qui devrait être
la consolation de l'homme dans ses peines, a-t-elle
attiré sur lui tant de souffrances ? Par quelle
contradiction inexplicable, quand le christianisme commande aux hommes de s'aimer en
frères, voit-on ces frères dénaturés se déchirer
entre eux comme les plus cruels ennemis ? Si tout
le mal qui désole la terre doit être attribué à la
perversité humaine, la perversité n'eût jamais
pu, sans le secours de l'ignorance populaire,
pousser aussi loin ses excès. Le germe du mal
existait dans la religion juive : la perversité ou
l'ignorance, ou toutes deux ensemble, ont été l'y
saisir pour le transporter dans la religion chrétienne : ce germe du mal, l'esprit de prosélytisme,
et, plus encore, l'esprit de persécution, c'est
l'ignorance qui l'a reçu dans son sein, qui l'a
nourri, et qui lui a fait prendre un si épouvantable développement.

18.

Plus heureux que nous, les peuples de l'antiquité n'ont point connu cette incroyable frénésie. Le jugement de Socrate excepté, on ne trouve
point dans leurs annales d'autre circonstance où
des opinions religieuses aient été un titre de
condamnation. Pour eux, la religion n'était
qu'une institution politique qui, en contribuant
à maintenir le peuple dans la soumission au gouvernement, servait, en certaines occasions, à
l'exciter ou à le retenir, selon que le voulait l'intérêt public. A Rome surtout l'organisation du
sacerdoce avait été parfaitement entendue. Choisis
parmi les patriciens, les sacrificateurs étaient
des hommes initiés aux affaires de l'État, et si
quelquefois leur intervention fut employée dans
un intérêt aristocratique, plus souvent elle eut
un effet généralement utile, en arrêtant des mouvemens séditieux et en rétablissant l'union parmi
les citoyens. Machiavel, en admirant ces précieux
résultats de la religion chez les Romains, s'afflige
de voir que la religion chrétienne, qui eût été
bien plus propre à faire le bonheur (1) des peu-

_____

(1) *La quale religione se ne'principi della republica*
*cristiana si fosse mantenuta secondo che del datore d'essa*
*ne fu ordinato, sarebbero gli stati e le repubbliche cris-*
*tiane più unite e più felici assai ch'elle non sono.* Disc.
sur Tite-Live.

ples, si elle s'était maintenue telle qu'elle avait
été donnée par son fondateur fût, de son temps,
tombée dans un discrédit qui lui ôtait toute sa
puissance pour le bien, et c'est à la cour (1) de
Rome qu'il attribue la perte de toute religion en
Italie. Au moment où Machiavel s'exprimait
ainsi, il ne prévoyait pas que l'humanité aurait
à regretter bientôt cette même absence de religion dont il se plaignait. La politique des papes
alors était cruelle, mais il n'y avait point de
cruauté dans leur indifférence religieuse. Quarante ans après ils sortiront de cette indifférence,
et ce sera pour tomber dans le fanatisme le plus
sanguinaire. Cependant, sous un autre point de
vue Machiavel avait encore raison, car la religion
barbare que les papes s'efforceront de faire régner par les bûchers et les tortures, n'est point
non plus la religion, telle qu'elle a été donnée
par son divin fondateur.

Le point principal qui distingue le christianisme des religions anciennes, c'est qu'au lieu
d'avoir été établi pour influer sur les affaires de

_____

(1) *Per gli esempi rei di quella corte, questa provincia
ha perduto ogni divozione ed ogni religione.* **Disc. sur**
Tite-Live.

ce monde, il s'occupe spécialement des affaires
d'une autre vie. Le christianisme ne connnaît,
pour arriver à cette autre vie, qu'une route,
celle qu'il trace lui-même; et, dans le désir d'appeler tous les hommes au bonheur qu'il leur
prépare, il va jusqu'à vouloir forcer leur résistance et devient cruel par humanité. Ce n'est
pas, je pense, porter un jugement trop sévère
sur les sentimens des premiers persécuteurs
chrétiens, que d'attribuer à ce principe les actes
de rigueur primitivement dirigés contre les Juifs
et contre les hérétiques, mais combien de causes
moins excusables sont venues s'y mêler ensuite!
combien de passions odieuses se sont couvertes
du masque de la religion pour commander le
crime! et soit que la proscription ait été ordonnée par des fanatiques de bonne foi, soit qu'elle
ait été ordonnée par une perversité réfléchie,
quel en a été, dans l'un et l'autre cas, l'auxiliaire le plus puissant, le plus redoutable ministre? l'ignorance.

Avant de m'occuper des proscriptions dirigées par les chrétiens contre les Juifs et les hérétiques, il semble dans l'ordre que je fasse
mention de celles qui furent dirigées contre les
chrétiens eux-mêmes par les empereurs païens.
Je me borne à les indiquer ici sans me consti-

tuer juge de persécutions qui entraient dans les
vues de la Providence, puisqu'elles n'ont fait
qu'accélérer les progrès du christianisme. A ne
considérer les choses que sous des rapports purement humains, mais sans approuver ce qu'il
put y avoir de barbarie toujours condamnable
dans les édits des empereurs, on ne peut dis-
convenir que ces princes suivaient une politique
légitime en repoussant l'introduction d'un culte
nouveau, qui s'annonçait comme voulant renverser la religion existante. Cette conduite des
empereurs était conforme aux droits reconnus
de tous les gouvernemens. « Quand on est
« maître, dit Montesquieu, de recevoir dans un
« État une nouvelle religion, il ne faut pas l'y
« établir : quand elle y est établie, il faut la tolé-
« rer. » La rigueur des empereurs païens est
justifiée par cette maxime : cette rigueur fut
juste, si elle ne punit dans les chrétiens que les
perturbateurs du repos public. On est de nos
jours arrivé à une doctrine plus douce et surtout plus politique : c'est de n'interdire l'accès
à aucune religion, et de ne soumettre à la sur-
veillance de la loi que les actes qui porteraient
atteinte à la paix de la société. S'il est presque impossible d'empêcher l'introduction d'une religion
nouvelle, comment prétendre empêcher les

sectes de se multiplier dans une même religion? La chose n'est peut-être pas matériellement impossible; l'Espagne en fait foi : mais est-ce une possibilité morale que celle qui repose sur l'exemple de l'Espagne? La multiplication des sectes, et surtout l'esprit de persécution dont elles ont été animées les unes contre les autres, est, chez les peuples chrétiens, une maladie véritable, une démence cruelle, que la philosophie seule peut guérir.

Parmi les plus affreux effets de ce délire religieux, il faut ranger les proscriptions dirigées dans toute l'Europe contre les Juifs, contre les hérétiques, et de plus en Espagne contre les Maures.

Nous ne mettons point au même rang la proscription des templiers, qui fut l'ouvrage exclusif de la cupidité et de la vengeance.

Il serait absurde de placer dans la classe des proscriptions le bannissement d'un corps célèbre, celui des jésuites, mesure salutaire et patriotique, qui, frappant l'ordre, sans ordonner de rigueurs contre les individus, délivra l'État d'une association ennemie du repos public, ennemie des rois comme des peuples, convaincue d'attentats exécutés envers les uns et les autres; mesure qui, commandée par les plus saints intérêts, prononcée dans la forme la plus légale et la plus solennelle, ne fut qu'un grand acte de justice nationale.

~~~~~~~~~~~~~~~~~~~~~~~~~~~~~~~~~~~~~~~~~~~~~~~~~~~~~

# CHAPITRE II.

*Des Proscriptions dirigées contre les Juifs.*

LE brusque soulèvement qui , hors de toute prévoyance et en opposition avec les idées générales du siècle où nous vivons , a éclaté récemment contre les Juifs dans diverses parties de l'Allemagne , me détermine à traiter avec quelque étendue ce qui concerne cette nation tant persécutée , et pour laquelle nous devions croire que l'heure du repos était enfin venue. Le principal et le plus noble but de l'histoire , en retraçant aux yeux des peuples leurs erreurs et surtout leurs erreurs cruelles, est de les mettre en garde contre eux-mêmes et de les porter à se défendre du retour de pareils égaremens.

C'est une étrange destinée que celle de la nation juive. Peut-être avant de la considérer comme proscrite, serait-il curieux de la considérer comme nation ardente elle-même à proscrire ; ardente à proscrire d'abord ce qui lui était étranger , à proscrire ensuite jusqu'à ses propres enfans, et à se déchirer continuellement par ses massacres domestiques. Le comble du malheur chez les

Juifs est qu'ils croyaient les proscriptions agréables au ciel. Par une fatale punition de leur aveuglement, la même erreur entraînera ceux qui
les prendront à leur tour pour victimes. Au lieu
de tenter une insignifiante justification du sacrifice de Jephté, l'illustre auteur du Discours sur
l'histoire universelle, avoue que cette action ne
peut être excusée que *par un ordre secret de
Dieu sur lequel il ne lui a pas plu de nous
faire rien connaître.* J'imiterai cette sage réserve. Je ne ferai mention du peuple juif qu'à
dater de l'époque où son histoire se mêle à celle
de l'empire romain. Séparé par sa loi des autres
nations au milieu desquelles il est condamné à
errer sans cesse, son existence n'est qu'une lutte
prolongée dans laquelle le plus noble des sentimens, son attachement inébranlable au culte de
ses pères, est la principale source de ses malheurs. Ce vif attachement des Juifs à leur culte,
qui nourrit en leur âme une antipathie prononcée pour les autres religions, excite, par une nécessaire réciprocité, dans le cœur des autres peuples, une antipathie non moins vive pour leurs
rites et pour leur personne. Faibles, ils sont persécutés : plus forts, ils seraient persécuteurs. Ce
sont des Juifs qui, dans Rome païenne, donnent
le premier exemple de prosélytisme, et qui amè-

nent par là le premier exemple de proscription
religieuse. Ce genre de persécution inconnu jusqu'alors, et qui doit acquérir plus tard un si
épouvantable développement, commence sous
Tibère. Ce prince bannit tous les Juifs qui ne chan-
geront pas de religion. Un second bannissement
est prononcé contre eux sous le règne de Claude;
mais il paraît que, dans cette dernière occasion,
les Juifs et les chrétiens se trouvaient confondus.
« Claude, dit Suétone, chassa de Rome (1) les
« Juifs qui, sous l'impulsion du Christ, trou-
« blaient la tranquillité publique. » L'édit de
Tibère, qui laisse aux Juifs le choix de l'abjuration ou de l'exil, se reproduit cent fois dans tous
les pays chrétiens, et déjà sous les empereurs
romains les richesses des Juifs sont un de leurs
crimes, si même elles n'en sont le plus grand.
Corrompus et avilis par une compression et une
flétrissure cruelles, mais légales, les Juifs ont
semblé mériter en partie les maux auxquels ils
ont été en butte. Triste destinée de l'homme ! La
persécution finit par le dégrader, et cette dégradation devient ensuite l'excuse de la persécution
même dont elle est le résultat.

_____

(1) *Judæos, impulsore Christo, tumultuantes Româ ex-*
*pulit.*

Dans les premiers temps de la dispersion des Juifs après la prise de Jérusalem par Titus, des actes d'héroïsme avaient, en plus d'une circonstance, honoré leur courage, et on les avait vus prêts à sacrifier tous les trésors de la terre à leur foi et à leur conscience. Un ordre suprême leur enjoint de placer dans leurs temples la statue colossale de Caligula, sous les traits de Jupiter-Olympien. L'exécution d'un tel ordre serait à leurs yeux la plus horrible des profanations : ils sauront désobéir, mais leur désobéissance sera calme et résignée : sujets soumis, ils n'affectent point de braver les volontés impériales ; d'humbles prières sont les seules armes qu'ils opposent : ils tendent vers le trône des mains suppliantes : ils offrent de livrer tout ce qu'ils possèdent, mais inflexibles sur un seul point, ils déclarent *qu'ils mourront plutôt que de transgresser leurs lois.* Quelles que soient les lois d'un peuple, c'est toujours un louable principe que celui qui lui inspire pour la conservation de ces lois un si magnanime dévouement.

Combien encore ne faut-il pas admirer dans les Juifs cet inaltérable amour d'une patrie qu'ils ont perdue, mais que, dans le sein des plus grandes calamités, errans et disséminés sur toute la surface du globe, ils se flattent constamment de recouvrer un jour! Dans quel pays, chez quel peuple l'amour de la patrie fut-il jamais plus vif et plus profond! Quoi de plus touchant que ce concours empressé de tous les Juifs à Jérusalem dans le seul jour de l'année où Adrien leur permette de venir pleurer sur les ruines de cette ville! Quel tableau attendrissant que celui de tout un peuple réuni par un même sentiment, de ces vieillards, de ces femmes, plongés dans la douleur la plus amère, couverts de vêtemens de deuil, se frappant le sein à coups redoublés, déplorant la chute du temple où fumait autrefois l'encens de leurs sacrifices, arrosant de leurs larmes hâtives la pierre brisée de leurs autels, et achetant à prix d'or, de l'avarice du soldat, qui compte les heures, la faveur douloureuse de pleurer quelques instans de plus. Pourquoi faut-il que dans cette belle description que nous donne St. Jérôme de ce pélerinage annuel des Juifs, on voie percer une joie barbare qui insulte à un si grand malheur? Jérôme est témoin des souffrances dont est déchiré le cœur des Juifs, et il leur refuse sa pitié (1)! C'est déjà ce principe de

(1) *Et miles mercedem postulat, ut illis flere plus liceat.*

(2) *Plangere ruinas templi sui populum miserum et amen non esse miserabilem.* Saint-Jérôme.

fanatisme persécuteur qui, en ne laissant voir dans les Juifs que les bourreaux du fondateur de la religion chrétienne, éteindra toute compassion pour eux et les livrera bientôt à une destinée si cruelle.

Si la religion chrétienne est fille de la religion juive, c'est une fille révoltée contre sa mère. Ce peuple juif, dans lequel les nations chrétiennes voient un peuple autrefois favorisé des bénédictions particulières du ciel, est pour elles un objet d'horreur. On dirait qu'impitoyables envers ce favori disgracié, elles se soient liguées pour le punir de se croire encore appelé par la préférence céleste au plus glorieux avenir : on dirait qu'elles prennent plaisir à lui faire expier cette illusion en l'abreuvant d'humiliations et d'outrages, en le dévouant à une proscription continue et universelle. Orgueilleux dans leur abaissement, appuyés sur les prophéties qui leur promettent la domination du monde, les Juifs de leur côté fournissent des prétextes plausibles à l'injustice qui les repousse, et ils se trouvent placés au-dessous de l'homme, peut-être en partie, parce qu'ils se regardent eux-mêmes comme au-dessus de tout ce qui n'appartient pas à leur croyance; mais, quoique l'esprit exclusif de la loi de Moïse pût autoriser quelque aversion

contre les sectateurs de cette loi, nulle considération ne saurait justifier les persécutions auxquelles ils ont été si long-temps en butte.

La tradition des rigueurs de quelques empereurs païens envers les Juifs ne fut que trop bien
recueillie par les empereurs chrétiens. Pour avoir
violé la loi qui leur défend de rentrer à Jérusalem, Constantin fait couper les oreilles à un
grand nombre d'entre eux. Sous la plupart de
ses successeurs ils sont livrés comme spectacle et
comme jouet à la cruauté populaire. L'impunité
semble assurée d'avance au crime qui les frappe.
Dans les jeux sanglans du Bas-Empire, les (1) co-
chers de la faction verte tombent un jour sur les
Juifs et en font un affreux carnage : ils rassem-
blent ensuite les cadavres et les brûlent. « Pour-
« quoi, dira l'empereur Zénon, ne les avoir pas
« brûlés vivans. »

Sans cesse et partout opprimés, quand l'excès
de l'oppression amène la révolte, la révolte de
leur part ne fait qu'aggraver leurs maux et rendre
leurs oppresseurs plus ingénieux à inventer de
nouvelles tortures. Partout également la confiscation est la suite des peines qui leur sont infligées,
comme presque toujours elle en a été la cause.

_____

(1) An 486.

C'est une des bizarreries du sort malheureux des Juifs que, pour légitimer le mal qu'on leur a fait, on les a chargés de crimes dont la supposition seule est ridicule et absurde. Quel est l'historien qui osât aujourd'hui présenter comme des faits dignes de croyance de gratuites et impossibles atrocités? Quel est l'homme de bon sens à qui l'on puisse persuader qu'après la prise de Jérusalem par les Perses, les Juifs aient racheté du vainqueur quatre-vingt mille chrétiens (1) pour se donner le barbare plaisir de les égorger et de se baigner dans leur sang?

Ainsi dans les États de l'Europe moderne comme dans l'empire d'Orient, le génie de la proscription attaché aux pas des Juifs les a toujours accusés de forfaits inouïs; et ces accusations ont été d'autant plus facilement adoptées par l'ignorance publique, qu'elles étaient plus invraisemblables. Dans le commencement du xi° siècle (1) les Sarrasins démolissent le temple de Jérusalem et le Saint-Sépulchre. Ce sont les Juifs français qui ont été leurs instigateurs. Le massacre des Juifs expie le crime des Sarrasins.

---

(1) En 615, sous l'empereur Héraclius.
(2) En 1009.

Toutes les fois qu'on veut renouveler contre eux quelque mesure rigoureuse, on répète qu'ils ont fait des outrages à la sainte hostie ou crucifié des enfans, et ces imputations tant de fois reproduites, sans obtenir peut-être une croyance complète, enracinent dans l'esprit des peuples des préventions et des animosités, que le cours du temps et les progrès de la raison publique n'extirperont qu'avec peine.

Les pays où l'humanité a eu le moins à gémir sont peut-être ceux d'où les Juifs, après avoir été une fois bannis, ont été repoussés avec le plus de persévérance. Ce qu'il y a eu de plus cruel pour eux était l'alternative de l'indulgence et de la rigueur. L'indulgence même a aussi été, en de certains règnes, poussée à l'excès, et, par une conséquence naturelle, cet excès de faveur momentanée était comme une préparation à un nouvel excès de cruauté. C'est surtout en France que leur destinée a éprouvé les plus étonnantes variations. Pour ne pas trop multiplier les exemples des proscriptions légales qui les ont frappées, je n'indiquerai que celles qui commencent au règne de Philippe-Auguste. C'est d'après les conseils d'un moine, nommé Frère Bernard, qu'un jeune roi, nourri, dans son enfance, des contes absurdes débités contre les Juifs, les ban-

nit (1) du royaume, confisque leurs immeubles,
déclare leurs créances illégitimes, s'approprie
une part de ce qui leur est dû, et permet de leur
courir sus, s'ils ne sont pas sortis de France dans
le court délai qui leur est assigné. Vainement
les comtes et les barons, vainement les évêques
eux-mêmes, non par un sentiment d'humanité,
mais gagnés par l'argent des proscrits, intercè-
dent en leur faveur. La voix d'un moine, ordonnant l'injustice, parle plus puissamment au
cœur du roi que celle de prélats qui invoquent
la pitié. Le principe de cette proscription est le
*fanatisme pur, le fanatisme par ignorance.*

Comment les Juifs, sans cesse bannis et rap-
pelés sans cesse, étaient-ils si jaloux de rentrer
dans un pays où ils avaient essuyé de pareils
traitemens? On aurait peine à le concevoir, si
l'Europe entière n'eût été pour eux une terre
ennemie où les attendaient les mêmes persécutions. Opprimés partout, ils n'avaient que le
choix des maux, et, conspirant de leur côté
contre la fortune de leurs oppresseurs, ils se portaient en foule là où ils apercevaient un plus
riche butin. On leur fait un crime dans le siècle
actuel de ne pas se livrer à l'agriculture, de ne

(1) En 1181.

pas fonder des établissemens qui les attachent
au sol : pouvaient-ils avoir ce penchant lorsque,
sans nulle défense contre le despotisme des gouvernemens, ils étaient exposés à craindre chaque
jour la perte de tout ce qu'ils possédaient. Pour
eux, pendant une longue suite de siècles, tous
les gouvernemens ont été des ennemis ; tous les
rois, des tyrans. Les princes les plus vertueux,
les plus occupés du bonheur de leurs autres
sujets, ne se faisaient aucun scrupule de violer
envers les Juifs toutes les lois de l'équité, toutes
les lois de la nature. Dans l'opinion alors établie, les Juifs n'étaient pas des hommes. Le caractère sacré leur en était refusé par la loi. Tout
commerce était défendu avec eux. Par une as-
similation barbare, on condamnait à être brûlé
vif quiconque avait eu des relations avec une
femme de la religion juive. Nous aimons à respecter la piété dans les princes. Saint-Louis surtout est l'un des monarques qui a le plus de
droits à la vénération, au culte du genre humain. Les Juifs seuls, et les hérétiques, ne peuvent mêler leurs accens à cet accord de louanges
et d'hommages. « Les préjugés de la superstition,
dit Montesquieu, sont supérieurs à tous les autres préjugés, et ses raisons, à toutes les autres
raisons. » Combien est odieux le principe qui a

19.

pu faire de Louis IX un proscripteur ! ce principe est *le fanatisme dans sa meurtrière pureté.*

Indépendamment des rigueurs autorisées par
des lois, les Juifs étaient exposés aux vexations
les plus arbitraires. Leur vie même était sans garantie. Dans les séditions, dans les croisades, et
jusque dans la paix ils étaient attaqués, dépouillés, assassinés, sans que l'autorité publique
cherchât à les couvrir de son égide : ceux qui
échappaient à tant de périls s'en vengeaient par
l'usure. Usuriers et fermiers des impôts, ils en-
vahissaient les biens de ceux qui les avaient proscrits et qui devaient bientôt encore les proscrire.
En 1306, Philippe-le-Bel les fait arrêter tous à la
fois d'une extrémité de la France à l'autre. Tous
leurs biens sont envahis : on ne leur permet
d'emporter que la somme d'argent indispensable
pour gagner la frontière du royaume. Il serait
difficile de voir dans cette proscription *d'autre
principe que la cupidité.*

Proscrits par la cupidité, c'est la cupidité qui
les rappelle; mais le séjour de la France ne leur
est permis que pour un temps borné, et des mar-
ques infamantes, attachées à leurs habits (1), les

_____

(1) Cette marque était une roue d'une étoffe distincte
de celle de leur vêtement.

signalent à l'animadversion publique. Des paysans
grossiers sont - ils saisis d'une manie insensée
pour le recouvrement de la Terre-Sainte? Les
pastoureaux croient se sanctifier et assurer le
succès de leur entreprise en commençant par
égorger les Juifs. Un bruit populaire vient-il accuser les lépreux d'avoir empoisonné les puits et
les fontaines ? Les Juifs sont réputés leurs conseillers ou leurs complices. Ils ont été poussés à
ce crime (1) par les rois de Tunis et de Grenade.
Les bûchers s'allument de toutes parts, et un
grand nombre de Juifs y sont précipités. Un horrible concert semble s'être formé entre l'ignorance du peuple et l'autorité publique. Le peuple en veut à leur vie; l'autorité, à leurs biens. Le
peuple brûle ces malheureux; l'autorité, par la
confiscation, recueille leur héritage. La proscription a un *double principe*, *une fanatique*
*ignorance dans le peuple; une cruauté avare*
*dans le gouvernement.*

Après avoir traité les Juifs avec tant de barbarie, après les avoir chassés tant de fois, on est
contraint, lorsqu'on les rappelle, de leur offrir
quelques priviléges pour prix des sommes énor-

---

(1) En 1320.

mes qu'on leur demande. L'indulgence de l'autorité est sans bornes comme ses rigueurs. Parmi
les priviléges qu'ils obtiennent, il en est qui sont
contraires à la loi commune. A peine on les con-
sidérait comme des hommes : on leur permet
ce qui est interdit aux autres Français. Le partage de leurs gains illicites leur assure des appuis
dans tous les ordres de l'Etat et jusques sur les
marches du trône. En 1360, l'édit qui autorise
leur retour leur donne un défenseur contre le
gouvernement lui-même. Un prince du sang de
la branche d'Evreux, le comte d'Etampes, est
préposé à la conservation des priviléges qu'on
leur accorde. Vaine précaution ! et que sert en
effet la protection d'un homme là où les droits
ne sont pas garantis par des lois fondamentales?
Si le chef de l'Etat n'est lié par un contrat qu'il ne
puisse rompre, les promesses d'un prince seront-
elles repectées par son successeur, et lui-même
ne violera-t-il pas le lendemain les engagemens
qu'il aura pris la veille? Malgré toutes les concessions faites aux Juifs, ils seront encore une fois
bannis, et ils le seront à perpétuité (1). Cet exil a
été le dernier : tous leurs efforts n'avaient pu jusqu'à nos jours en obtenir la révocation.

---

(1) En 1394.

Parmi les iniquités attachées à la proscription
des Juifs, il en est une qui né révolte pas seulement l'humanité, mais qui blesse le bon sens et
outrage la raison. C'est leur attachement à la religion juive qui est leur crime : l'abjuration devrait les en purger. Par un raffinement absurde,
le Juif converti *tombait en forfaiture*, et tous
ses biens étaient confisqués. Il ne pouvait sortir
d'un abyme que pour tomber dans un abyme
nouveau ; et la loi qui voulait sa victime lui inter-
disait tout moyen de salut. La loi qui le punit
d'être Juif, lui défend en même temps de cesser
de l'être ; eh ! quelle est l'explication d'une loi si
absurde ? l'intérêt du fisc. Tant que le Juif n'abjure pas, le fisc a des droits sur une partie des
biens qu'il possède. S'il abjure, le fisc perd sa
proie. On s'oppose à son abjuration, et plus tard
on le bannira, on l'égorgera peut-être pour n'a-
voir pas abjuré !

Malgré les plaintes dont étaient menacés par
l'édit de 1394 les Juifs qui rentreraient en France,
il y en eut beaucoup qui osèrent braver tous ces
périls. L'édit d'expulsion fut renouvelé par
Louis XIII (1) et depuis leur domicile a été to-

(2) En 1615.

léré par le gouvernement, mais non légitimement autorisé. En s'affranchissant du joug de
classes privilégiées, la nation française, toute
chrétienne, n'a pas voulu être privilégiée elle-
même à l'égard du petit nombre des habitans du
même sol qui professeraient d'autres croyances.
Dans tout sectateur de la religion de Moïse, le
Français, devenu libre, a vu un frère, un Français. Bien différente des autres révolutions, la révolution de 1789 a fait cesser toutes les servi-
tudes : elle a mis un terme aux anciennes proscriptions : pourquoi faut-il qu'elle ait amené à sa
suite tant de proscriptions nouvelles ?

En exposant ce que les Juifs ont eu à souffrir
en France, j'ai fait l'histoire de leurs malheurs
dans tous les autres pays de l'Europe. L'injustice
a été commune; la babarie, à peu près égale.
Peut-être même quelques autres contrées ont-
elles vu des raffinemens d'une cupidité plus
étonnante encore dans le choix de ses moyens.
Du moins nos rois, dans leurs rigueurs, n'ont-ils
été coupables que comme autorité et non comme
individus. On trouve ailleurs des procédés bien
plus étranges de la part des personnes royales.
Un roi d'Angleterre, le roi Jean, exige d'un riche Israélite une somme d'argent que celui-ci
lui refuse. Lorsque l'avarice égorge l'homme

qu'elle veut dépouiller, la violence de la passion qui tue n'a du moins rien de déshonorant pour la victime. Ici, un dédain ingénieusement atroce laisse vivre le Juif opiniâtre, mais l'avilit par un genre ironique de torture. On lui arrache les dents l'une après l'autre jusqu'à ce qu'il consente à donner au roi la somme demandée.

Un autre roi d'Angleterre, Henri III, qui soumet aussi sans scrupule les Juifs à l'arbitraire de sa cupidité, après avoir exigé d'un riche Israélite quatorze mille marcs d'argent pour lui, en demande dix mille pour la reine. Quel siècle que celui où un prince offre à son épouse de pareils présens!

En Angleterre comme en France, les persécutions dirigées contre les Juifs ont été souvent un moyen de libération pour leurs débiteurs. Dans un de ces massacres fréquens auxquels ils étaient exposés, cinq cents Juifs s'étaient retirés (1) dans le château d'Yorck. Pour se soustraire aux tourmens qu'on leur prépare, ils égorgent leurs femmes et leurs enfans; ils en jettent les cadavres au milieu des assiégeans, et se donnent à eux-mêmes la mort de leurs propres mains. Les débiteurs des Juifs, c'étaient les gentilshommes.

_____

(1) Sous Richard-Cœur-de-Lion, en 1189. Hume.

Les reconnaissances des sommes que les Juifs
avaient prêtées à la noblesse étaient déposées dans
la cathédrale : les nobles se hâtent d'y courir ; ils
s'emparent des contrats et des billets qui constatent leur dette, et, par une horrible profanation,
ils en font un feu de joie devant l'autel du Dieu
dont la loi défend la cruauté et la perfidie.

En Espagne, après avoir été bannis plusieurs
fois, les Juifs toujours prompts à y revenir,
en furent définitivement expulsés par Ferdinand-le-Catholique. Quelques-uns d'entre eux
y reparaissent à la faveur d'une conversion
feinte ; ils n'échappent point au tribunal de l'inquisition. Quelqu'idée que nous eussions en
France de ce tribunal, il nous fallait les ré-
vélations d'un estimable proscrit, M. Llorente,
pour nous apprendre à juger, et toute l'étendue
de pouvoir dont est armé un grand inquisiteur,
et toute l'étendue d'influence qu'exerce sur la prospérité matérielle comme sur le caractère moral
d'une nation, l'existence d'une autorité rivale de la
royauté même, devant laquelle la royauté est contrainte de s'abaisser pour s'assurer son appui. Les
tribunaux révolutionnaires de France et d'Angleterre, les proscriptions religieuses du règne
de Marie et de celui de Charles IX, les cruautés
de tout genre qui ont désolé ces deux royaumes,

ont été des calamités trop prolongées sans doute,
mais enfin des calamités temporaires. Ce qu'il
y avait de plus odieux sur la terre après l'inquisition espagnole, le conseil des dix à Venise, ce
conseil a péri et n'a péri qu'avec Venise elle-
même. Quelle sera donc la destinée du tribunal
de l'inquisition? Ne périra-t-il qu'avec l'Espagne,
ou du moins qu'avec le gouvernement aveugle
qui semble regarder un pareil auxiliaire comme
indispensable à sa sûreté? Par quel incroyable
égarement les rois s'obstinent-ils à maintenir des
institutions désastreuses et inhumaines, ou à les
rétablir même après qu'elles ont été détruites?
Quel est donc ce mouvement inattendu qui
semble aujourd'hui vouloir faire rétrograder la
civilisation? Toujours malheureux, les Juifs sont
des premiers à en ressentir les funestes effets.
Leur affranchissement avait été prononcé en
France par l'Assemblée constituante : il s'était
depuis étendu au dehors par suite de l'accroissement de notre puissance. Si les conquêtes de
nos armes étaient sanglantes, notre législation
a fait des conquêtes pacifiques, dont l'humanité
n'a pu que s'applaudir. Nos invasions n'ont pas
été toutes meurtrières. La France débordée sur
l'Europe a, comme le Nil (1), déposé sur ces

_____

(1) Pendant l'existence du duché de Varsovie de 1807
à 1813, il y a été établi cinq cents petites écoles.

terres momentanément inondées des germes
précieux de fécondité et de bonheur. Dans les
contrées du Nord de l'Allemagne incorporées
à notre territoire, la servitude des Juifs a entièrement disparu : elle a été adoucie dans les
États restés indépendans, mais où se faisait sentir notre influence. A peine la domination française a-t-elle été détruite, qu'on s'est hâté en ces
divers pays de révoquer les concessions qui
avaient été faites aux Juifs. On ne saurait assez
remarquer la bizarrerie de la destinée de cette nation. Il semble que les gouvernemens prennent
à tâche de lui créer des intérêts contraires à ceux
de la masse des peuples. Le jour qui a repoussé
les Français sur la rive gauche du Rhin, a été
un jour de libération pour les Allemands : on a
voulu qu'il fût, pour les Juifs de cette contrée,
le signal du rétablissement de leur esclavage. Leur
cause cependant n'est pas restée sans défenseurs.
A leur tête se trouve le cabinet de Berlin.

Les Juifs prussiens ont servi le gouvernement
de leur bourse et de leurs bras. Ils lui ont donné
les plus grandes preuves de dévouement dans le
moment de ses dangers. Outre leurs sacrifices
pécuniaires, ils ont, ce qui avait été presque
inouï jusqu'à ce jour, combattu vaillamment dans
les rangs de l'armée. La patrie ne peut plus les

repousser quand leur sang a coulé pour elle.
Pour récompenser leurs services, le cabinet de
Berlin a pris la défense des sectateurs de la religion juive auprès de divers Etats et surtout au
congrès de Vienne. Là il a insisté pour que l'acte
fédératif leur reconnût les droits de cité sous la
condition d'en remplir les devoirs. De longues
discussions ont eu lieu à ce sujet. D'abord il a été
convenu que les Juifs resteraient en possession
des droits qui leur avaient été concédés dans les
Etats de la confédération. Cette résolution était
pour eux un immense bienfait, mais une modi-
fication, légère en apparence, est venue ensuite
détruire la substance de cet article. Au lieu de
leur conserver les droits qui leur avaient été accordés *dans* les Etats de la confédération, une
rédaction nouvelle ne leur assure que la conservation des droits qui leur avaient été accordés
*par* ces Etats. Voici cette rédaction définitive,
telle qu'elle a été admise dans l'art. 16 de l'acte
fédéral. « La diète prendra en considération les
« moyens d'opérer, de la manière la plus uni-
« forme, l'amélioration de l'état civil de ceux
« qui professent la religion juive en Allemagne,
« et s'occupera particulièrement des mesures
« par lesquelles on pourra leur assurer et leur
« garantir dans les Etats de la confédération la

« jouissance des droits civils , à condition qu'ils
« se soumettent à toutes les obligations des autres
« citoyens. En attendant, les droits accordés
« déjà aux membres de cette religion *par* tel ou
« tel Etat en particulier , leur seront conservés. »
Jamais le changement d'une particule n'eut peut-
être plus d'importance que dans cette rédaction.
La substitution du monosyllabe *par* au monosyllabe *dans* emporte avec elle la substitution de
la servitude à la liberté. Le but est évident ; le
sens de l'article dans sa teneur actuelle est notoi-
rement celui-ci : « Les Etats confédérés ne sont
« nullement tenus de reconnaître les droits qui
« avaient été accordés aux Juifs par Napoléon
« Bonaparte ou par les gouvernemens qu'il avait
« établis, mais seulement de leur conserver ceux
« qui leur avaient été antérieurement accordés
« par lesdits Etats confédérés eux-mêmes. »
C'était replacer les Juifs dans la position plus que
servile ou ils étaient avant l'établissement de la
domination française en Allemagne ; c'était détruire toutes les améliorations que notre influence
morale, correctif heureux de notre despotisme
militaire , avait opérées ou occasionnées dans la
législation de plusieurs Etats germaniques. Aussi
quelques-uns de ces Etats, et de ce nombre sont
notamment les villes libres, ont-ils mis un vif

empressement à relever toutes les barrières qui
séparaient les Juifs et les chrétiens. Les réclamations des Juifs ont été portées à la diète, qui,
conformément à l'art. 16 de l'acte fédéral, doit
préparer à ceux qui professent cette religion la
jouissance des droits civils ; mais qu'importe à la
diète les plaintes de ces malheureux ? Elle som-
meille quand il s'agit de défendre des opprimés
contre les violences des gouvernemens : elle n'a
d'activité que pour prononcer les arrêts des gouvernemens contre l'émancipation des peuples.
C'est peu que la diète de Francfort diffère de
remplir sa mission en ce qui concerne les Juifs,
quel est ce cri sinistre, ce monosyllabe homicide
qui retentit simultanément dans toutes les cités
de l'Allemagne ? Pauvre nation ! des monosylla-
bes consomment sa ruine. Un monosyllabe,
changé dans l'acte du congrès la dépouille de
tous les avantages qu'elle a obtenus depuis trente
ans. Un monosyllabe, dans la bouche d'une multitude soulevée, la dévoue au pillage et à la mort.
D'où vient cet infernal tocsin qui sonne de nouveau, pour l'Allemagne, toutes les fureurs des
siècles de barbarie ? A quelle cause rapporter
l'inexplicable frénésie qui précipite le peuple des
villes sur les Juifs comme sur une proie offerte à
sa colère ou à sa distraction ! Ce retour à des

actes qui semblent appartenir si peu à notre époque, est-il l'effet d'une basse rivalité d'industrie
ou d'une politique criminelle, ou le résultat com-
plexe de toutes deux ensemble? Combien seraient méprisables les commerçans chrétiens
qu'une lâche envie animerait à vouloir détruire
dans les mains des Juifs des richesses acquises
par une activité et une économie qu'ils ne sauraient égaler! Mais combien plus criminels encore seraient les dépositaires de l'autorité ou les
partisans de l'aristocratie germanique, s'il se
pouvait que leur secrète influence eût allumé ou
du moins attisé l'incendie! Croiraient-ils arracher les peuples aux idées du dix-neuvième
siècle en tâchant de leur rendre la férocité du
temps des croisades? En réveillant contre une
tribu trop long-temps proscrite une haine surann-
née et presque éteinte, espère-t-on concentrer
sur la race des Israélites tout ce qu'il y a dans le
cœur humain de force pour haïr et pour persécuter? Exercer cette force et lui donner un aliment, n'est-ce pas la développer et l'accroître?
Ah! loin de nous, loin de tous les peuples le
sentiment de la haine et surtout d'une haine
collective, le goût de la persécution et surtout
de ces persécutions en masse qui enveloppent
l'innocent et le coupable! Puissent les nations

mieux inspirées ne haïr que les choses haïssa-
bles, et ne jamais persécuter les hommes! Lorsqu'une injuste oppression courbe leurs têtes,
qu'ils brisent le joug, et qu'ils le brisent sans
frapper l'oppresseur. Tel est le vœu des vrais
amis de la liberté; mais si c'était les ennemis de
la liberté qui, pour empêcher le peuple allemand
de la conquérir, voulussent le rendre indigne
d'elle, qu'ils tremblent, les imprudens; qu'ils
tremblent d'avoir aiguisé contre eux-mêmes ces
armes funestes dirigées aujourd'hui contre les
Juifs : ce peuple naturellement humain, qu'ils
excitent à la cruauté, deviendra cruel pour eux;
ces lois, qu'ils lui permettent de violer, il les
violera peut-être à leur préjudice. S'il consent à
être le persécuteur des Juifs, la tyrannie qu'il exerce
sur ces infortunés le consolera-t-elle de la tyrannie qu'on exerce sur lui? En l'irritant contre une
classe inférieure, n'est-il pas à craindre qu'on ne
le conduise à briser la chaîne que lui imposent
les classes supérieures et privilégiées? Malheur à
qui lui permet de sortir de la ligne tracée par les
lois! Une fois jeté hors des voies légales, le peuple n'est plus maître de lui-même; il n'a plus de
mesure dans ses vœux, plus de liberté dans le
choix des moyens; il n'aime surtout que ce qu'il
obtient par la force. En lui ôtant la faculté d'ar-

20

river, par des chemins paisibles, au redressement des abus et au perfectionnement de l'ordre social, les maladroits provocateurs qui ont favorisé ses premiers écarts l'ont disposé à ne vouloir marcher vers ce but que par des routes ensanglantées.

## CHAPITRE III.

### Des Proscriptions contre les hérétiques en France.

La religion chrétienne n'est pas encore établie dans l'empire romain : elle est tourmentée
encore de la première fièvre du prosélytisme,
et déjà l'esprit de persécution divise ses sectateurs. Déjà on peut douter s'ils ont plus d'aversion pour les païens que pour des chrétiens
leurs frères, dont l'opinion ne diffère de la leur
que sur des questions minutieuses et subtiles,
à peine comprises par la plupart d'entre eux.
Constantin vient de placer avec lui la religion
sur le trône, et du haut du trône la persécution
s'élance sur les donatistes. Les ariens bientôt
emploient contre les catholiques les fouets, les
chaînes et les tortures : les mêmes armes seront
tournées par les catholiques contre les ariens.
Un philosophe couronné, Julien, voit d'un même
œil toutes les religions et les tolère toutes. Sa
tolérance soulève contre lui l'animosité des
chrétiens. Indulgent pour eux, s'il est contraint

20.

de punir ceux dont le zèle aveugle brise les autels des autres dieux, et trouble leurs sacrifices,
il se plaît surtout à les combattre par le ridicule. Devenus plus puissans sous des princes
moins éclairés, les chrétiens se vengent de la
philosophie en immolant les philosophes. Ils
font alors ce que quelques insensés, leurs dignes descendans, voudraient faire encore aujourd'hui : en faisant brûler les livres (1), ils
font aussi brûler les auteurs. Les manichéens,
les novatiens, les partisans d'Eutichès et vingt
autres sectes différentes, sont tour à tour per-
sécutrices et persécutées. Elles se proscrivent
réciproquement sans se comprendre, et c'est
par des flots de sang que chacune d'elles veut
établir sa légitimité. Tantôt on jette des schis-
matiques dans l'Oronte : tantôt on porte au bout
d'une pique la tête d'un moine en criant:
» Voilà l'ennemi de la Trinité. » De longs siècles
d'atrocités semblables, remplissent la fin du Bas-
Empire. Je me hâte de m'éloigner de ce théâtre
de carnage; mais je le fuis en vain, et je le re-
trouve en France avec toutes ses horreurs.

Pour diminuer l'étendue de la carrière san-

_____

(1) Sous Valentinien, Valens et Gratien.

glante que j'ai à parcourir, je ne la commencerai qu'au xv° siècle.

Les désordres de l'Église romaine affligeaient depuis long-temps les véritables chrétiens, lorsque sous le pontificat de Léon X, la vente des indulgences en Allemagne fournit à l'indignation publique une occasion d'éclater. La violence des poursuites dirigées contre Luther favorisa son entreprise. La persécution lui créa de nombreux disciples. La réformation pénétra en France; mais c'était de Genève qu'elle devait y passer avec plus de succès, et sous une autre bannière. A Genève, Calvin avait obtenu une grande célébrité. Il s'était réuni à la doctrine de Zwingle déjà répandue en Suisse, et il lui avait donné son nom. Le calvinisme se propagea en France avec une prodigieuse activité. La proscription de ceux qui l'avaient embrassé ne servit qu'à en étendre les progrès. Là commence une série de cruautés, qui n'aura de terme que sous le règne de Louis XVI.

Comment concevoir que celui de nos princes qui a fait naître en France le goût des lettres et des arts, ait pu se porter à des excès inouïs dont le souvenir seul glace l'imagination d'effroi ? De quel limon sont donc pétries des âmes que charment en même temps les frivolités de la galan-

terie; et la flamme du bûcher qui dévore des
hérétiques! Être qualifié hérétique, c'était
n'être plus homme, et ce nom seul étouffait
toute pitié. Mais s'il était vrai que ce fanatisme,
si terrible dans ses effets, n'eût eu de la part de
François I<sup>er</sup> rien de sincère; que, voulant plaire
au Saint-Siége, ses cruautés n'eussent été que
des offrandes à sa politique; quelle idée nous
former du caractère d'un tel prince? comment
concilier la volonté contradictoire qui défend
les prêches des protestans, qui brûle les protestans eux-mêmes, et qui laisse établir une
mosquée à Marseille? Le reproche qui pèse sur
la mémoire de François I<sup>er</sup> est d'autant plus
accablant, que c'est sur son exemple que se
sont appuyés ses successeurs.

Comment rappeler les nombreux édits rendus
sous divers règnes, édits toujours trop fidèlement
exécutés, qui autorisaient les parlemens, les pré-
sidiaux et toutes les cours de justice à juger les
hérétiques à mort et sans appel? L'un de ces édits
fut rendu à Châteaubrian. Les anciens croyaient
à des noms comme à des jours malheureux.

Ce qu'il y eut de plus funeste dans ces proscriptions, ce n'était pas seulement la mort d'une
oule d'hommes innocens, c'était la dégradation
des générati ons vivantes. En faisant du meurtre

un acte religieux, on endurcissait le cœur de nos
ancêtres et l'habitude des sacrifices humains les
changeait en véritables Cannibales. Nous avons
en horreur les spectacles des Romains qui, dans
leurs jeux cruels, applaudissaient à la grâce des
attitudes du gladiateur expirant : combien plus
épouvantables étaient les jeux de nos pères !
Dans les jours consacrés à la joie, la religion venait sanctifier leurs barbares plaisirs. C'était à la
suite de processions solennelles, à la suite des
plus augustes cérémonies, que des bûchers al-
lumés sur les diverses places de Paris recevaient,
par nombreuses troupes, les victimes réservées
à l'amusement de leurs fêtes. D'après la cruauté
de ces supplices, on devrait croire que le principe de la proscription ne pouvait être qu'un
fanatisme violent, effréné, indomptable : ce principe existait dans un certain nombre d'esprits,
sans doute, mais en réalité l'une des causes qui
eurent l'influence la plus directe sur l'adoption
des plus cruels édits fut, depuis Diane de Poi-
tiers jusqu'à madame de Maintenon, l'avidité
des courtisans. Jamais dans ces édits ils n'ou-
blièrent la confiscation des biens et la part du
dénonciateur. Quoique, dans trop de circonstances, le parlement se soit montré aussi barbare et même plus barbare que la cour, il eut

aussi quelquefois à un haut degré le sentiment
de ses devoirs. Plus d'une fois, il sut défendre
l'autorité royale contre elle-même : il opposa surtout une noble résistance à l'édit de Henri II qui
ordonnait l'établissement en France d'un tribunal d'inquisition. Dans un admirable discours
adressé à ce prince par le président Séguier, on
remarque les traits suivans : « Que vous deman-
« dent, sire, les promoteurs de l'édit? De méconnaître votre peuple, d'aliéner vos sujets, et de
« méconnaître le contrat par lequel vous régnez...
« En nous forçant d'enregistrer l'édit, vous ces-
« serez d'être l'unique législateur dans votre
« royaume; la justice criminelle ne se rendra
« plus par vos juges, ni conformément à vos or-
« donnances; en un mot, vous vous donnerez
« un rival qui ne tardera pas à devenir votre
« maître. » Ce langage est de tous les temps.
C'est en 1555 qu'on adressait au roi ces courageuses remontrances, et en 1819 il existe encore,
comme alors, des ministres qui secondent les
empiétemens d'un pouvoir étranger sur la puissance législative de la France! les députés de la
nation, les hommes qu'elle a choisis pour défendre ses droits au-dedans, son indépendance
au-dehors, auraient-ils donc moins de courage
que le parlement au xvi° siècle? Alors, comme au-

jourd'hui , les ministres étaient plus sensibles à
leur intérêt individuel qu'à la dignité de la couronne. Le président Séguier les attaque par leur
intérêt : « Quant à vous, messieurs, leur dit-il,
« si vous croyez que cela ne vous regarde pas, il
« est temps que vous perdiez cette idée. Dès que
« vos ennemis seront sûrs d'obtenir du roi votre
« confiscation, il ne s'agira plus que de s'assurer
« d'un inquisiteur et de deux témoins, et fussiez-
« vous des saints, vous serez brûlés comme des
« hérétiques. » Le danger effraya les hommes
les plus hardis du ministère et l'édit royal ne reçut point d'exécution. Nous ne ferons pas aujourd'hui d'aussi terribles menaces aux ministres
qui tolèrent les envahissemens de la cour de
Rome sur les droits de la nation française ; mais
n'y a-t-il donc que la crainte du bûcher qui
puisse retenir les agens du pouvoir, et comptent-
ils pour rien ce fer chaud, dont l'opinion publique marque le front du lâche ou inepte ministre qui laisse offenser l'indépendance nationale ? Le mal, pour la France, sera passager parce
qu'elle saura y porter remède : la honte sera éternelle pour ceux qui ont eu la faiblesse de le souffrir.

S'il était quelque chose de plus odieux que
les édits qui ordonnent la mort des hérétiques
sur de simples soupçons, ce seraient les édits

qui, sous le nom *de tolérance*, portaient dans
le cœur de ces infortunés une confiance trom-
peuse, et les rendaient criminels pour les punir,
ou plutôt punissaient comme criminel ce qui
avait été permis par la loi. Dans le même temps
où ces édits perfides étaient rendus publics, le
parlement était autorisé (1) à y faire des modifications secrètes sur ses registres, et c'était d'a-
près ces modifications que jugeaient les tribunaux.

On a reproché aux calvinistes d'avoir été eux-
mêmes intolérans. Nous n'en disconvenons pas :
ils répondaient aux cruautés par des cruautés.
Ils firent plus; et, par un fatal privilége de la religion chrétienne, la même intolérance anima
toutes ses sectes : les protestans furent persécuteurs là où ils n'étaient point persécutés. « Cal-
« vin, dit Gordon (2), fit sans doute un grand
« bien en affaiblissant la papauté; mais, à l'é-
« gard des procédures contre Servet, Calvin
« était un pape ou un inquisiteur papiste. Si
« Servet était hérétique à l'égard de Jean Cal-
« vin, Jean Calvin l'était à l'égard du pape, et

---

(1) En 1560.
(2) *Commentaire de Tacite.*

« les moines avaient autant de droit de le faire
« brûler. Ils étaient autant autorisés par l'Evan-
« gile, dans leur métier, de faire brûler les gens,
« que l'était Calvin de faire brûler Servet. »

On dirait qu'il y a dans les divers siècles une
sorte de fièvre morale qui saisit tous les tempé-
ramens, mais qui en agite surtout quelques-uns
avec une force irrésistible. Du nombre de ceux
que transporta le plus violemment la rage de la
persécution furent ce président d'Oppède, ce
baron des Adrets dont le nom dit tout. Tel fut
ce Blaise de Montluc qui fait dans ses mémoires
de si étranges aveux. « Il se sentait, dit-il, contre
« les calvinistes une haine, une fureur qui le
« mettait hors de lui-même. » Aussi marchait-il
toujours accompagné de deux bourreaux que
l'on nommait *ses laquais,* et « disait-on, rap-
« porte Brantôme, qu'il apprenait à ses enfans
« à être tels et à se baigner dans le sang, dont
« l'aîné ne s'épargna pas à la Saint-Barthelemy. »
Tel fut à Milan ce magistrat (1) qui fit graver
sur un monument élevé par son ordre, qu'il
était le premier qui avait eu la gloire de faire
brûler des hérétiques dans cette ville. Tel fut

_____

(1) Le podestat Oldradus de Tresséno.

enfin, et cet exemple semble être la justification
de tous les fanatiques subalternes, tel fut, pour
la honte de l'esprit humain, le célèbre Thomas
Morus, philosophe d'un esprit lumineux, homme
de l'intégrité la plus pure, du caractère le plus
doux, qui, une fois envahi lui-même par cette
frénésie incroyable, « s'anima, dit Hume, d'un
« zèle si ardent pour la religion romaine que
« nul inquisiteur ne porta plus loin les persécu-
« tions contre l'hérésie. » Ainsi chaque siècle a
eu son délire particulier. Long-temps la France
a été livrée aux maniaques de l'orthodoxie : elle
a eu les maniaques de l'égalité en 1793, et en
1815 les maniaques de la légitimité. Serions-nous
encore réservés à voir éclore quelque nouveau
genre de fureur ?

En même temps qu'il est incontestable que
ces fureurs dont nous déplorons les effets s'emparent, en certains siècles, du plus grand nombre des esprits, qu'elles subjuguent même des
hommes éclairés, comme le prouve l'exemple de
Thomas Morus, on est contraint de remarquer
qu'il est une classe qui échappe presque tout entière à la contagion générale ; une classe qui,
n'ayant les vertus d'aucun temps, se dérobe, par
là, aux vices réputés des vertus ; une classe qui,
habituée à tout réduire en calcul et soumise à

une seule passion, son intérêt, sait surtout se
maintenir exempte de tout ce qui tient à l'exaltation et à l'enthousiasme; cette classe, c'est celle
des courtisans. En revanche, elle est la plus ardente à tirer parti de l'exaltation populaire et à
fonder sur l'erreur publique les succès de son
avidité. Dans la nuit même de la Saint-Barthelemi,
elle ne dédaigne pas d'hériter de ceux qu'elle as-
sassine. Brantôme raconte que plusieurs de ses
camarades y gagnèrent jusqu'à dix mille écus,
et ils étaient tous de braves gentilshommes
comme lui.

De tous les édits portés contre les protestans
depuis François I<sup>er</sup>, c'est un fait historiquement
démontré qu'il n'en est pas un auquel n'ait contribué un calcul de confiscation. « C'est ma mai-
« son d'Albe qui me perd, » ont pu dire des
milliers de victimes. Cependant, en 1561 et
1562, la justice triomphe dans le conseil par les
efforts du chancelier de l'Hôpital. Un édit rappelle les protestans bannis ou fugitifs et ordonne
la restitution de leurs biens. Les courtisans tremblent à l'idée de lâcher leur proie. Qui vient à leur
secours? le parlement. Ces biens, comment les
ont-ils acquis? Ils les ont reçus en don gratuit de
la libéralité royale. Quelle que soit la source de
la possession, le parlement prétend qu'elle doit

être respectée; et de nos jours, lorsque les biens
des émigrés n'ont pas été donnés en pur don,
mais acquis à titre onéreux; lorsqu'ils ont été
vendus sous la garantie de la foi publique; quand
les lois les plus solennelles, quand la Charte elle-
même a reconnu la légalité de ces ventes, il est
des hommes qui osent venir troubler la paix
publique en attaquant leur validité ! Nous
plaignons sincèrement tout Français que les événemens politiques ont privé de son héritage,
mais si nous partagions les sentimens de ceux-là
même qui font entendre contre la vente des
biens nationaux des réclamations plus qu'indis-
crètes, si nous pensions, comme eux, que les
enfans doivent subir la faute de leurs pères, ne
serions-nous pas autorisés à croire que l'éternelle
justice, suivant son cours invisible, est venue
reverser sur la population française des biens
qui n'avaient passé dans les mains de la noblesse
que par les confiscations exercées sur les protestans ?

Ces siècles du meurtre étaient aussi le siècle
des plus pernicieuses doctrines dans tous les
sens. D'une part on soutenait en Sorbonne des
thèses par lesquelles on établissait « que le
« pape (1), comme vicaire de Jésus-Christ, peut

(1) En 1561.

« déposer les princes et les rois rebelles à ses
« commandemens. » D'un autre côté un ministre calviniste publiait un ouvrage où il déclarait « qu'il est permis (1) de tuer un roi et une
« reine qui s'opposent à la réformation de l'é-
« vangile. » En général, c'était une maxime
reçue parmi les catholiques romains « qu'il
« ne faut pas garder la foi aux hérétiques; mais
« que c'est une action pieuse et utile au salut
« que de les massacrer. »

Comme il y avait anarchie de doctrine, il y
avait anarchie de conduite. Le mépris de l'autorité royale était tel que le connétable (2) de
Montmorency, de son propre gré, sans l'assen-
timent du roi, avait signé l'ordre d'égorger trois
cents calvinistes. Qui ne connaît les prédica-
tions des curés de Paris pendant la ligue? Ce ne
sont pas seulement les hérétiques qu'ils ordonnent d'immoler, ce sont tous les royalistes. « C'est
« en vain, disait en chaire, l'un (3) de ces prêtres
« forcenés, c'est en vain que vous attendez jus-

---

(1) En 1568.

(2) En 1563.

(3) Pelletier, curé de Saint-Jacques de la Boucherie.

« tice du parlement : il faut jouer des cou-
« téaux. »

Entre tant de malheurs ce n'était pas un des
moins graves assurément que l'intervention des
étrangers dans nos querelles domestiques. «Tou-
« jours, dit La Noue, les étrangers frétillaient
« d'entrer en France. » Les protestans d'Allemagne accouraient au secours des protestans
français ; les Espagnols, au secours des catholiques. Les Suisses, serviteurs de la religion qui
les payait, se battaient tour à tour contre les catholiques et contre les protestans. Les Suisses
semblaient faire alors la principale force du
trône. C'était une tradition de Louis XI. Il y
avait comme aujourd'hui des gens qui trouvaient ces étrangers meilleurs Français que les
Français eux-mêmes. Aussi les comblait-on de
préférences et de caresses. Un rodomont de cour
porta sa tendresse pour eux au point de dire
« qu'il n'y avait femme de bien qu'il ne pas-
« sât par la discrétion d'un Suisse. » Alors
comme aujourd'hui le peuple était fort loin de
partager l'opinion de la cour en faveur de ces
soldats mercenaires, et on en eut bientôt une
effrayante preuve. Dans une émeute, on eut
à craindre qu'ils ne fussent tous massacrés : les
malheureux demandaient grâce en criant *bons*

*catholiques* et en montrant leurs chapelets. De nos jours, ils n'ont point à courir de pareils dangers. La France sait que les séditions sont toujours désastreuses pour les peuples. La seule sédition qui convienne à un peuple libre est la manifestation paisible, mais persévérante de sa volonté. Cette arme pacifique, la nation Française l'emploie depuis deux ans; elle l'emploiera, chaque année, jusqu'à ce qu'il lui soit donné satisfaction. Un ministère imprudent s'imagine peut-être la dompter par la lassitude : il se flatte de la réduire au silence, en affectant une indifférence dédaigneuse pour ses justes réclamations. Faux calcul! obstination gauche et mal avisée! la France continuera de se plaindre chaque année : ses plaintes, chaque année, auront plus d'amertume, et force sera d'y avoir égard. Les Suisses partiront : l'irrésistible puissance de la volonté nationale triomphera de l'absurde résistance du ministère. Lui seul aura eu des torts envers la France ; la France n'en aura point envers la nation Suisse, dans laquelle elle aime à voir une ancienne amie. Nous rendrons les régimens suisses à la Suisse : nous les lui rendrons paisiblement, sans combat, sans querelle, sans altérer sous aucun rapport la bonne intelligence qui subsiste entre les deux pays.

21

La scène qui s'ouvre maintenant devant moi
présente tout ce que la proscription a jamais
eu de plus affreux. Nommer Charles IX et
Henri III, c'est les avoir jugés. Je franchirais ces
deux règnes, sans m'y arrêter un instant, si
l'audace effrénée de quelques écrivains ne re-
mettait aujourd'hui en question ce que, depuis
deux siècles, la raison publique avait solennellement décidé. Pour atténuer l'horreur qu'inspire la Saint-Barthelemi, on ose la présenter
comme un coup d'état *nécessaire*! On a aussi
présenté comme un coup d'état nécessaire l'assassinat des Guises à Blois. Que prétendent ceux
qui reproduisent de pareilles doctrines? Quels
sont leurs principes politiques? Que sont-ils
eux-mêmes? Des amis du pouvoir absolu? Et
ne s'aperçoivent-ils pas que c'est au pouvoir
absolu qu'ils font son procès? Ne prouvent-ils
pas plus qu'ils ne veulent? Ils justifient le roi,
mais comment? aux dépens de la royauté. J'ad-
mets pour leur plaire, que ces grandes atrocités
étaient indispensables en raison de la nature de
la monarchie alors existante. N'est-ce pas faire la
satire la plus cruelle d'un gouvernement, quel
qu'il soit, que d'établir, comme maxime d'état,
que ce gouvernement ne peut se maintenir que
par le crime? Croit-on nous faire aimer la mo-

narchie de droit divin, en nous forçant de reconnaître que, dans un tel régime, l'art de
proscrire est un des secrets de l'art de gouverner; l'assassinat, un des expédiens habituels à
l'usage du prince, et même le massacre des sujets par milliers, une faculté essentielle du pouvoir, une ressource naturelle, légitime, que
couvre dans tous les cas l'admirable excuse de
la nécessité. Nous ne pouvons que savoir gré aux
partisans du despotisme d'employer pour sa
défense de pareils argumens. Mais, sous un autre
rapport, quel est, pour les deux princes dont
il s'agit, le résultat de ces crimes que l'on justifie comme des coups d'état nécessaires? L'un,
mal convaincu sans doute de cette nécessité,
meurt à la fleur de l'âge dans le désespoir et les
remords; l'autre, qui a cru se sauver par l'assassinat des Guises, périt assassiné. Chargés du
poids insupportable du mal que vous avez fait
ou que vous avez laissé faire, Charles IX,
Henri III, vous mourez tous deux sans qu'une
seule voix vous donne un regret : mais toi qui
fus si digne de régner, et qui régnas trop peu
pour le bonheur de tes peuples, toi qui fis du
pardon ta plus douce vengeance, qui assuras à
nos aïeux la liberté religieuse et voulus l'assurer
à leurs descendans, toi qui, venu dans un siècle

21.

plus avancé aurais aussi, par une charte solennelle, proclamé les droits de la nation et aurais
fait respecter ton ouvrage en dépit des impor-
tunités de ta cour, ô bon Henri, reçois les bénédictions que nous donnons à ta mémoire; mais
le croiras-tu, cette société redoutable dont les
meurtrières leçons armèrent tant de Séides contre toi, et accréditèrent les doctrines attenta-
toires à la royauté, dont tu péris la victime;
cette société, tour à tour rampante et tyrannique, que ta facile indulgence (1) eut le tort de
rappeler après sa trop juste expulsion; cette
société, dont l'influence funeste a dominé le
plus grand de tes successeurs, et a imprimé à
son règne une ineffaçable tache, en le portant à
détruire l'un des plus beaux monumens de ta
gloire, l'édit qui avait consacré la paix des
cœurs, la liberté des consciences; cette société
bannie de nouveau dans des temps plus rapprochés, et dont nous devions nous croire dé-
livrés pour jamais, elle reparaît, elle revient,
elle s'insinue sous un nom modeste, sous un

_____

(1) On sait quel était le principal protecteur des jé-
suites auprès d'Henri IV : c'était le fameux Là Varenne.
On reconnaît là le tact merveilleux des bons pères.
*L'ami du prince* est toujours de leurs amis.

humble déguisement; et il se trouve dès insensés, si ce ne sont des méchans, qui favorisent
son retour; mais, ô bon Henri, ton nom est
sacré pour nous, la France libre ne souffrira
point la réhabilitation de tes assassins.

La mort de Henri IV, qui fut si douloureuse
pour tous les Français, dut l'être surtout pour
ceux qui suivaient la religion réformée. Ils ne
prévirent que trop les nouvelles persécutions
qui les attendaient. C'est là encore une de ces
occasions où l'on ne saurait s'empêcher de ré-
fléchir sur la triste destinée des peuples soumis
à un gouvernement dans lequel le pouvoir est
sans partage entre les mains du prince. Comme
le bien est l'ouvrage d'une volonté unique, il
cesse avec l'action de cette même volonté. La
prospérité publique, la liberté des peuples, tout
est viager et précaire. Toutes les garanties repo-
sent sur une tête; toutes tombent avec elle. Dès
les premiers momens du règne de Louis XIII,
les défiances s'élèvent de toutes parts : les catholiques menacent ; les protestans se mettent
sur la défensive. Attaqués dans la Saintonge, ils
sont bientôt soumis. Un voyage dans cette pro-
vince, voyage que l'on nomme une expédition,
vaut à un favori l'épée de connétable. Si la dis-
tribution des premières dignités de l'État en

France, a dû plus d'une fois causer une juste surprise, elle inspire, au commencement de ce règne, un sentiment mêlé d'indignation et de mépris. Luynes, qui a eu l'impudeur de ceindre l'épée de Duguesclin, saisit au même instant les sceaux comme pour faire oublier l'Hôpital. Le Florentin Concini, sans avoir jamais vu une armée, reçoit le bâton de maréchal de France; Thémines le reçoit pour avoir arrêté le prince de Condé; Vitry, pour avoir tué Concini, devenu maréchal d'Ancre. Pendant l'arrestation du prince de Condé, Créqui avait gardé la porte du Louvre. Pour ce rare service, il reçoit le brevet de duc et pair.

Au milieu de cette dégénération honteuse, parmi tous les courtisans incapables qui agitent l'État sans savoir le gouverner, s'élève un homme qui bientôt les fera ramper tous à ses pieds; mais en lui se prépare pour les protestans le plus redoutable des adversaires. J'ai porté sur le cardinal de Richelieu un jugement sévère, dans sa conduite à l'égard des grands vassaux dont la soumission eût pu s'opérer par des voies moins rigoureuses. Sa conduite, en ce qui concerne les protestans, quoiqu'elle ait été aussi vivement blâmée, ne me paraît pas mériter les mêmes reproches.

C'était une faute, peut-être difficile à éviter pour Henri IV, mais enfin c'était une faute d'avoir considéré et maintenu les protestans comme un État dans l'État, de leur avoir laissé des places fortes et des moyens de faire la guerre au gouvernement. Dans son projet d'affranchir l'autorité royale de toute rivalité intérieure, Richelieu dut promptement sentir la nécessité d'enlever aux protestans de dangereuses ressources dont l'esprit de révolte pouvait, sous le voile de l'esprit de religion, abuser pour troubler le repos public : ce n'est point comme secte religieuse qu'il combat les protestans, c'est comme parti politique. Ce ne sont point les consciences qu'il veut contraindre, ce sont des bras qu'il veut désarmer. Cependant nous ne pouvons nous empêcher de plaindre les protestans qui, trop instruits du sort auquel ils sont réservés quand ils ne sont pas en état de se défendre, tâchent de faire respecter les concessions qu'ils ont obtenues, et aiment mieux mourir en soldats par le glaive de la guerre que mourir en proscrits par le fer des bourreaux. Leur dernier cri de guerre doit toucher même ceux qui les combattent, parce que, réduits à implorer les secours des protestans étrangers, leur cœur français s'afflige du malheur qui les force à invoquer un pareil secours, bien que ce ne soit pas pour attaquer, mais seulement pour se défendre. « Nos mains « sont armées, disent-ils, dans leur manifeste, « mais nos cœurs sont fidèles. Nous respectons « le roi : notre dessein n'est pas de changer de « maître : nous ne cherchons qu'un protecteur... « que tous sachent que nous voulons vivre en « sujets fidèles et soumis, qu'il n'y aura plus « parmi nous d'appareil de guerre, sitôt qu'on « proposera une paix raisonnable, que sa ma- « jesté voudra bien nous faire grâce, maintenir « les édits de pacification et arrêter le cours de « tant de violences exercées contre nous. » Là résistance des protestans n'était point en effet une révolte. Les partisans du pouvoir absolu, du des- potisme sans réplique, ont, de nos jours, jeté les hauts cris lorsqu'il a été proclamé, comme dogme, qu'il est des circonstances où l'insurrec- tion est un devoir pour les peuples. Cependant, on n'a fait que présenter, comme maxime vraie en un cas donné, ce qui a existé comme loi fon- damentale et comme fait dans presque tous les gouvernemens de l'Europe. Les sermens de la plupart des princes, notamment ceux de rois de Bohême, des rois de Hongrie, des ducs de Bra- bant et autres, exprimaient la reconnaissance for- melle du droit qu'avaient les peuples de leur dé-

sobéir dans le cas où ils violeraient les lois. Le
droit de faire la guerre au roi était reconnu en
France et dans plusieurs autres pays en faveur
des grands vassaux. Lorsque la religion réformée
s'introduisit parmi nous, comme elle fut adop-
tée par une partie de la haute noblesse qui était
encore en possession de châteaux et de places
importantes, elle forma une puissance avec laquelle la cour négocia et signa des traités. On
lui accorda des priviléges; on consentit à lui laisser des places de guerre, et par conséquent on
lui reconnut le droit d'opposer la force à d'injustes attaques. C'est cette existence politique du
parti protestant que le cardinal de Richelieu
voulut détruire. Si un grand intérêt peut constituer la justice d'une entreprise; si un motif
d'une haute utilité pour toute une nation peut
autoriser, à l'égard d'une partie de cette nation,
des actes que la classe lésée regarde comme une
violation de droits acquis et reconnus, le projet
de Richelieu fut juste. L'habileté de l'exécution
répondit à la sagesse de la pensée. Sous le point
de vue politique, nous pouvons donc approuver,
dans le ministre, la vigueur de ses opérations :
nous devons, dans les protestans, excuser la résistance. Ce qui établit le mieux la justification
du cardinal de Richelieu, ce fut sa conduite

après la prise de la Rochelle ; ce fut sa fidélité
à respecter dans ceux qu'il avait subjugués
comme puissance ennemie, leur indépendance
comme secte religieuse. La modération honora
la victoire. L'amnistie qui fut accordée reçut une
entière exécution. Calomnié à cet égard par une
foule d'écrivains de mauvaise foi, il a été vengé
par des écrivains éclairés et impartiaux, par
Hume, par Rhulières et plus récemment par
M. Jay ; mais ce qui est ici un sujet d'éloge pour
le cardinal de Richelieu devient, d'un autre
côté, une juste occasion de reproche contre lui.
C'est précisément parce qu'il soumit le parti
protestant, sans se montrer cruel, qu'on est fondé
à croire qu'il eût pu de même, sans cruauté il-
légale, réduire les seigneurs féodaux à l'obéissance. Envers les protestans, c'était l'homme
d'état qui agissait seul. Dans sa lutte contre les
Montmorenci et les autres chefs de la noblesse,
à la politique de l'homme d'état se joignait la
passion de l'homme privé, trop ardent à venger
ses injures et à poursuivre ses rivaux.

Comme homme d'État, Richelieu désirait rap-
procher les deux religions : il s'était même occupé de la rédaction d'un formulaire commun
qu'il espérait pouvoir faire adopter par les pro-

testans et par les catholiques. L'idée de séparer
l'église de France de l'église romaine, et de
créer un patriarche en France, lui avait pareillement souri. Ces grandes pensées étaient dignes
de son génie : il regardait la persécution comme
lâche et dangereuse. Persuadé qu'en France, pour
changer de culte, il faut au moins avoir l'air de la
conviction, il autorisa l'établissement de la con-
grégation des missionnaires ; mais il refusa constamment son approbation aux demandes intolérantes des évêques et des intendans. Cette
sage conduite fut aussi celle de Mazarin et de
Colbert.

Une double erreur égarera Louis XIV. Le fanatisme lui montre dans la conversion des protestans l'expiation de ses fautes personnelles. La
flatterie lui persuade que la puissance de sa volonté suffira pour les arracher à leur croyance,
et qu'un seul mot de lui fera ce que n'ont pu
faire les armées de ses prédécesseurs. Combien
ce grand roi est au-dessous de lui-même dans
cette partie de son administration !

Passant de la tendresse à la dévotion et de la
dévotion à la tendresse, si dans le moment de
ses brouilleries avec ses maîtresses, il est tour-
menté de la fureur des conversions, il sent cette
fureur s'éteindre dans ses retours vers madame

de Montespan. C'est la pureté de ses mœurs que
l'on doit craindre : c'est le désordre de sa vie
qu'il faut souhaiter. Les protestans respirent
tandis qu'il scandalise la France : l'activité de
ses passions criminelles est un gage de repos
pour eux. Ils doivent trembler dès que sa conduite devient plus pure, et le jour qui le ramène
à une union légitime est l'irrévocable signal de
leurs longues calamités.

En flattant son orgueil de l'idée de réunir
toute la population française dans une seule religion, on s'est bien gardé de mettre en doute
la facilité du succès. Mille moyens sont employés pour entretenir cette illusion. Convertir
des réformés est devenu un moyen de fortune à
la cour. Les courtisans sont bientôt changés en
apôtres. Le ciel approuve tout dans une œuvre
aussi sainte. La caisse des économats fournit des
fonds pour amollir les consciences. Toutes les
provinces sont peuplées de convertisseurs. Partout on convertit à tant par tête : et l'on envoie
ensemble à Paris les abjurations et les quit-
tances.

Trois personnes trouvent un intérêt particulier à augmenter cette disposition du roi. Ces
trois personnes le trompent. Ce sont, dit Rhulières, son ministre, sa femme et son confesseur.

C'est par l'influence seule de la dévotion que
madame de Maintenon a pu devenir reine,
quoique sans en porter le titre. Née calviniste,
indulgente par affection comme par caractère,
dans la crainte d'inspirer au roi des doutes sur
son orthodoxie, elle déploie une animosité qu'elle
ne sent pas. Au lieu d'implorer Assuérus pour
ses frères, cette Esther nouvelle, contre son
propre penchant, excite en lui un zèle persécuteur qu'elle voudrait bien plu ôt pouvoir mo-
dérer et retenir.

Il n'en est pas ainsi de Louvois. Jaloux de
diriger une entreprise qui occupe si vivement
le roi, c'est avec joie qu'il se livre à toute sa violence et à toute sa dureté naturelle. Ce ne sont
plus les paisibles missionnaires de Richelieu qui
doivent, par de pacifiques argumentations, ramener les hérétiques au sein de l'Église. Ce sont,
selon l'expression du temps, des *missions bot-
tées* qu'on leur envoie. Celui qui ordonne l'incendie du Palatinat est digne d'ordonner les
*dragonades*.

Deux confesseurs subjuguent tour à tour
Louis XIV, et tous deux appartiennent à cette
société célèbre, qui prêcha si long-temps le *ré-
gicide*. Maintenant c'est le roi qu'elle arme
contre son peuple. Quoique l'un de ces confes-

seurs, le père Lachaise, soit peu enclin par lui-
même à des voies de rigueur ; il n'en contribue
pas moins, par esprit d'état, à entraîner le
prince qu'il dirige, dans des mesures fausses et
mal conçues qui le conduiront, de degrés en
degrés, à des actes d'une effroyable tyrannie.
Un conseiller, bien plus funeste encore, le jésuite Le Tellier, tyran de la conscience du roi,
devient le tyran du royaume : il fait trembler
les ministres eux-mêmes. Audacieux dans l'im-
posture, il fonde un siècle de cruautés sur la
fiction absurde *qu'il n'y a plus de protestans
en France.* Tout protestant est censé avoir
cessé de l'être : il sera jugé *sur cette présomption légale.* C'est à l'aide de cette vaine subti-
lité, de cette misérable argutie qu'on se joue de
la vie d'un million de Français, et que tout protestant qui se livre à quelque acte de son culte
est soumis à l'horrible loi, établie dans une
autre intention, *contre les relaps.* Dans le vo-
cabulaire des proscriptions, le mot *relaps*
forme l'une de ses plus effrayantes catégories.
On ne peut, sans frémir, se rappeler la série de
malheurs civils, de persécutions sacerdotales
qui désolent cette époque de notre histoire ;
l'émigration tantôt autorisée et tantôt défendue,
renouvelée jusqu'à sept fois par l'adoption

sept fois répétée de mesures désastreuses; les
peines contradictoires infligées à celui qui part,
à celui qui revient, à celui qui reste; l'enlève-
ment des enfans; l'incendie des villages, la dé-
molition des temples, les condamnations aux
galères, la torture des pasteurs expirans sur la
roue. Il suffit de nommer les Cevennes, les assemblées du désert, la loi des relaps. Chacun
de ces mots redit à l'imagination effrayée une
Iliade de douleurs.

Dans les époques précédentes, nous avons vu
la confiscation servir d'appât et d'aliment aux
chefs du système de proscription et de violence.
La puissance de ce honteux mobile est encore
la même. Une partie des biens confisqués est
livrée à la servilité de quelques courtisans : une
autre partie récompense l'hypocrisie qui abjure, ou la délation des collatéraux. Les fermiers et régisseurs des biens confisqués, intéressés eux-mêmes à l'augmentation de recettes
qu'ils partagent, multiplient les victimes pour
multiplier les bénéfices. Dès 1689, la fortune
de cent mille citoyens était passée entre les
mains du fisc. Tout le monde connaît ce passage d'une lettre de madame de Maintenon à
son frère : « Vous ne sauriez mieux faire que
» d'acheter une terre en Poitou. Elles vont s'y

» donner pour rien par la fuite des hugue-
» nots. » Lorsque madame de Maintenon ne
rougissait pas d'enrichir sa famille de la dépouille des malheureux, le reste de la cour
peut il avoir plus de délicatesse ?

C'est peu que les persécutions, surprises à la
piété trompée de Louis XIV, aillent en croissant jusqu'aux derniers jours de ce prince, elles
augmenteront, s'il est possible, sous l'enfance
de son successeur, sous la dépravation de la régence, sous l'avilissement du règne de Louis XV.
Il était naturel qu'une cour corrompue proscrivît des hommes religieux; que l'immoralité
proscrivît tout sentiment moral; mais ce qui ne
l'était pas, c'est que la proscription se com-
posât de lois contradictoires, dont la fusion ne
faisait qu'accroître l'atrocité.

Deux factions ecclésiastiques avaient successivement dominé dans les conseils. C'étaient des
inintelligibles querelles des théologiens sur la liberté et sur la grâce, qu'avait dépendu le plus
ou moins de rigueur des lois portées sous l'une
ou l'autre influence. L'une de ces factions avait
établi des lois cruelles, mais qui ne devaient
être que comminatoires : elle ne demandait aux
parens que quelque insignifiante démonstration
de catholicisme. Son but était de s'assurer de la

génération suivante. L'autre faction avait repoussé les lois coërcitives, mais elle n'acceptait
que les conversions vraies, loyales et sincères.
De ces systèmes opposés, de ces dispositions in-
compatibles, une main, ou perfide, ou igno-
rante, ou légère, forma un code exécrable dans
lequel se trouvaient réunies la rigueur des lois
de l'une des factions dont je viens de parler, et
la sévérité d'épreuves exigée par l'autre. Ce dernier coup porté aux protestans sous la régence,
ne fut point l'œuvre d'une intention réfléchie;
ce ne fut que l'effet de cette obstination que
mettent les gouvernemens absolus à maintenir
des lois de rigueur, et à les maintenir toutes
sans même examiner si elles ne se combattent
pas entre elles.

Le résultat en fut terrible : il détermina la perpétuité de l'exil de six cent mille Français, déjà
éloignés de leur pays; il produisit des émigrations
nouvelles, et, pour ceux qui restaient en France,
la cassation des mariages, la flétrissure des ma-
ris et des épouses, l'illégitimité des enfans,
des emprisonnemens, des condamnations sans
nombre, les refus de sépulture, enfin la violation la plus révoltante de tous les droits de
la nature et de l'humanité. L'Europe était indignée; en France même, le fanatisme était fa-
tigué de ses propres fureurs : le cri de la pitié

22

retentissait de toutes parts; l'oreille du gouvernement restait seule fermée à sa voix. On s'obstinait
à faire exécuter ces lois barbares. Des régimens
français continuaient à marcher pour égorger
des protestans français. Il fallut que l'humanité
vînt désarmer le bras des soldats avant qu'elle
désarmât l'opiniâtreté du gouvernement. Le carnage ne cessa que le jour où les bourreaux re-
fusèrent de frapper les victimes.

Effrayé de la route de sang que je viens de suivre, j'hésite à reporter mes regards en arrière
pour rappeler brièvement le principe et les effets des proscriptions religieuses en France. Ces
proscriptions ont naturellement agi dans l'ordre
matériel et dans l'ordre moral. La France en a
senti les effets matériels par ses pertes; la Hol-
lande, l'Angleterre et l'Allemagne, par les avantages qu'elles en ont recueillis. Les effets qui en
sont résultés dans l'ordre moral cèdent chaque
jour à l'action de la philosophie et du temps.

Quant au principe des proscriptions, il n'a pas
été le même avant et depuis Louis XIV. Sous
François Iᵉʳ. et ses successeurs, la persécution a
pour principe, chez les rois, l'ignorance et la politique; chez les courtisans, la confiscation;
chez les peuples, c'est une malignité contagieuse,
une inexplicable frénésie.

Le cardinal de Richelieu aurait seul ennobli la proscription des protestans, si la proscription pouvait s'ennoblir jamais. Ce n'est point la liberté de conscience qu'il attaque en eux, c'est la possession de châteaux et de places fortes qu'il enlève à un parti redoutable. Pour parler avec justesse, ce n'est point une proscription, c'est une guerre franche et loyale. Il combat les protestans et ne les proscrit pas.

Le principe de la proscription, chez Louis XIV, a été *l'ignorance* et *l'orgueil*.

Ce fut d'abord l'ignorance, et l'orgueil dans toutes ses acceptions.

L'éducation de ce prince avait été très-imparfaite. Sa mère n'avait jeté dans son esprit que quelques idées religieuses, mal comprises, qui venaient de temps en temps l'inquiéter au milieu de ses plaisirs. Le fanatisme, par l'organe de son confesseur, lui offre les moyens d'effacer ses fautes devant Dieu en se servant de la puissance royale pour convertir les hérétiques.

Lorsqu'on veut pousser les princes à des entreprises téméraires, on leur en dissimule le danger. De toutes parts, Louis entend répéter que les calvinistes ne conservent aucun attachement à leur culte, et que tous vont, à sa voix,

22.

rentrer au bercail de l'Église romaine. Sur ces perfides assurances, il s'engage dans une route ténébreuse. On l'a trompé pour le décider à y faire le premier pas : on le trompe pour le forcer à y continuer sa marche.

Le troisième point de vue, sous lequel se présente l'ignorance de Louis XIV, est bien plus étrange encore. C'est cependant un fait constaté, auquel nous aimons à croire par respect pour son caractère. Nous nous plaisons à le reconnaître coupable d'ignorance, pour n'avoir pas à le reconnaître coupable de barbarie : il est démontré en effet que jamais il n'a bien connu le degré de rigueur qui a été mis en usage, soit par les ordres de Louvois, soit par l'action plus ou moins violente des intendans et des évêques ; que les faits lui étaient cachés, ou ne lui parvenaient que dénaturés et affaiblis. Plus d'une fois on avait répété dans le conseil que l'incendie dont s'effrayaient quelques âmes timides, n'était qu'un *feu de paille*. La chaire chrétienne elle-même, la chaire de vérité, au lieu de dessiller les yeux de Louis, l'entretenait dans l'erreur : « Nos pères, « disait un célèbre orateur (1), nos pères n'a-

_____

(1) Oraison funèbre de Michel Le Tellier.

« vaient pas vu , comme nous ; une hérésie in-
« vétérée tomber tout à coup ; les troupeaux
« égarés revenir en foule , et nos églises trop
« étroites pour les recevoir ; leurs faux pasteurs
« les abandonner , sans même en attendre l'or-
« dre , et heureux d'avoir à leur alléguer leur
« bannissement pour excuse ; tout calme dans
« un si grand mouvement ; l'univers étonné de
« voir dans un événement si nouveau la marque
« la plus assurée , comme le plus bel usage de
« l'autorité, et le mérite du prince plus reconnu
« et plus révéré que son autorité même. Touché
« de tant de merveilles , épanchons nos cœurs
« sur la piété de Louis ; poussons jusqu'au ciel
« nos acclamations , et disons à ce nouveau
« Constantin , à ce nouveau Théodose , à ce
« nouveau Marcien, à ce nouveau Charlemagne,
« ce que les six cent trente pères dirent autre-
« fois dans le concile de Chalcédoine : vous avez
« affermi la foi , vous avez exterminé les héréti-
« ques ; c'est le digne ouvrage de votre règne :
« c'en est le plus propre caractère : par vous
« l'hérésie n'est plus : Dieu seul a pu faire cette
« merveille. » C'était en 1686 que l'éloquence
sacrée nourrissait l'orgueil de Louis XIV de ces
trompeuses adulations , et alors les dragonnades
étaient dans toute leur activité. Sans doute,

Bossuet était abusé lui-même, et jamais une
bouche si respectable ne se fût rendue l'organe vo-
lontaire du mensonge ; mais comment Louis eût-il
échappé à une ignorance de faits , à une aber-
ration de doctrine dans laquelle il était soutenu
et encouragé par l'un des plus beaux génies de
son siècle , par un père de l'église ? De toutes
les provinces , des relations uniformes, discrètes
sur la nature des moyens employés, préconi-
saient sans cesse le miracle toujours croissant
des conversions : bientôt le nom de calvinistes
cessa d'être prononcé devant le roi , comme s'il
n'en existait plus. Lorsque plus tard l'intérêt de
l'humanité , de l'État , de la gloire même de
Louis XIV demande qu'une main amie porte
la lumière sur les fausses routes où on l'a engagé , on s'en abstient par un ridicule motif de
vaine délicatesse. » Il est inutile, dit madame de
» Maintenon , que le roi s'occupe des circons-
» tances de cette guerre : cela ne guérirait pas
» le mal et lui en ferait beaucoup. » Ce mot qui
semble si simple , est l'accusation la plus terrible contre les gouvernemens absolus : il montre à quelle considération sont attachées les destinées des nations dans de pareils gouvernemens. C'est sous le plus frivole des prétextes
qu'un roi, une fois trompé , doit être main-

tenu dans son aveuglement ; et , sous le voile
de prétendus égards pour la sensibilité royale ,
les courtisans qui ne pensent qu'à eux, pour s'é-
pargner quelques jours désagréables peut-être ,
sacrifient à leur propre repos et le bonheur des
peuples et la gloire même de ce prince dont ils
semblent être les plus ardens adorateurs. Ainsi
le monarque , dont l'œil perçant pénétrait dans
tous les cabinets de l'Europe , ce politique clair-
voyant qui surprenait au fond du cœur des
princes ses rivaux , leurs secrets et leurs vues ,
prisonnier dans sa cour , ne voyait qu'à travers
un nuage épais ce qui se passait dans son
royaume. Si on ne pouvait lui cacher les émigrations, on atténuait le mal et on ne le lui présen-
tait que comme temporaire. Enfin on fascinait
ses yeux pour égarer sa raison.

Ainsi il y a eu , en Louis XIV,

Ignorance des vrais principes de la religion
chrétienne;

Ignorance des dispositions des protestans ;

Ignorance long-temps prolongée de la cruauté
des moyens employés pour forcer les conversions,
et ignorance pendant toute sa vie de l'immense
étendue des vexations exercées en son nom et
du dommage qui en était résulté pour l'État.

Le second principe des proscriptions de Louis XIV est l'orgueil. C'est l'orgueil qui en donne le premier conseil, c'est l'orgueil qui en prolonge la durée.

Pour décider ses premiers actes, on lui représente qu'il est digne de lui d'amener la France à l'unité de roi, de loi, de foi. Rien n'est impossible à un prince aussi grand, aussi habile : on le flatte, et l'orgueil lui exagère sa toute-puissance.

Lorsque plus tard l'échec que reçoit cette toute-puissance, l'avertit d'abandonner une voie sanglante où il se débat sans avancer, l'orgueil l'y retient et le pousse en avant : « On n'aime pas à « revenir de si loin, » écrit madame de Maintenon au cardinal de Noailles; et c'est parce que Louis XIV a l'orgueil de ne pas vouloir revenir de loin qu'il lègue à son successeur un odieux héritage de proscriptions à poursuivre. Le legs est accepté, et on dépassera la volonté du testateur.

Le principe de la proscription sous Louis XV est peut-être plus étonnant encore. Nous avons fait remarquer comment par la simple compilation de lois opposées, on a formé un Code plus affreux que le Code de Dracon ; car enfin ces lois d'Athènes prononçaient sur des faits positifs.

D'après le Code religieux du règne de Louis XV, on emprisonne les protestans, on les condamne aux galères, à la mort sur *la présomption légale*. Nous ne le croirions pas s'il était possible de repousser l'évidence. Le principe qui, dans le XVIII° siècle, a fait commettre tant de barbaries, est *l'inadvertance, l'inattention* du compilateur. Et il est des hommes qui voudraient nous rendre une forme de gouvernement où la puissance législative était ainsi exercée; une forme de gouvernement dans laquelle des princes portés à la douceur comme Louis XIV et Louis XV, se trouvaient, par l'absence de toute opposition légale, conduits à des mesures tyranniques absolument éloignées de leur caractère personnel; une forme de gouvernement dans laquelle un demi-siècle de cruautés a eu pour principe, sous Louis XIV, *l'ignorance* et *l'orgueil;* sous Louis XV, *l'inattention* et *l'inadvertance*. Ces assertions ne sauraient être contestées. La vérité en a été démontrée à Louis XVI, pour le déterminer à révoquer des lois de sang qu'il improuvait, mais auxquelles il craignait de toucher surtout par respect pour Louis XIV. Combien de temps s'écoule ainsi avant que le jour de la démonstration arrive! Quand la flatterie et le mensonge assiégent les rois, n'existe-t-il donc aucune

voix généreuse qui ose s'élever jusqu'à eux? La
France n'a point été réduite à cet excès d'avilissement. Bossuet excepté, tout ce qu'il y a eu
d'hommes illustres dans le gouvernement sous
Louis XIV ou sous Louis XV, se sont prononcés
pour le parti de la tolérance, Colbert, Vauban,
Fénélon, Villars, le cardinal de Noailles, Da-
guesseau, d'Argenson et Malesherbes. Long-temps
avant eux, le parti de la tolérance s'énorgueillis-
sait du nom de l'Hôpital, des noms de deux ministres rois, Richelieu et Mazarin. Quels hommes
à côté du jésuite le Tellier!

~~~~~~~~~~~~~~~~~~~~~~~~~~~~~~~~~~~~~~~~~~~~~~~~~~~

# CHAPITRE IV.

*Des Proscriptions religieuses en Angleterre.*

L'ANGLETERRE est une des contrées où la fièvre de la persécution a eu les plus violens accès. Cette maladie, dont on avait vu quelques symptômes sous les Plantagenets, qui s'était développée avec force sous les Tudors, a été portée au plus haut point sous les Stuarts. Dans cette dernière maison, elle était, comme la prétention au pouvoir de droit divin, héréditaire, sans intermittence, et bien plutôt dans un état de progression qui ne s'est arrêté qu'à la chute de la dynastie. Pour en arrêter les funestes effets, pour conquérir la liberté politique et la liberté religieuse, il a fallu changer la dynastie.

La première secte qui excita la sévérité du gouvernement anglais parut sous Henri IV. Cette secte, connue sous le nom de *Lollards,* avait embrassé les opinions spéculatives de Wiclef, et demandait la réforme des abus de l'Eglise. Elle prit plus de consistance sous Henri V. Ce prince, qui réunissait alors sur sa tête les couronnes d'An-

gleterre et de France, était un homme supérieur
à son siècle; il lui répugnait de convertir les âmes
par des supplices; mais la puissance du clergé
exigeait de lui beaucoup de ménagemens, et
l'humanité fut sacrifiée à la politique. L'un des
chefs des lollards était un personnage distingué,
lord Cobham, guerrier qui avait servi l'Etat avec
gloire. C'est une victime que la rigueur ecclésiastique se hâte de réclamer : trois évêques pro-
noncent sa condamnation, et il n'échappe au
bûcher que par la fuite. Bientôt après, le parlement prononce, contre les lollards, la peine capitale et la confiscation des biens. Si la persécution prend un tel caractère sous l'un des plus habiles et des meilleurs rois d'Angleterre, on peut
prévoir ce qu'elle deviendra lorsque l'ignorance,
l'avarice ou la cruauté seront assises sur le trône.

Une proscription que la politique et la vengeance réclament, et qui est une atrocité pour
la vengeance comme un déshonneur pour la politique, doit cependant être placée ici en raison
des termes du jugement qui la classent parmi les
proscriptions religieuses : c'est la proscription de
la pucelle d'Orléans. Quel révoltant spectacle que
celui de tout pays envahi par l'étranger! Avec
quelle promptitude les classes élevées, le clergé
et la noblesse, abjurent leurs rois, abjurent leur

patrie! La sainteté des autels ne fut jamais plus
honteusement profanée que le jour où la métro-
pole de Paris retentit des chants du triomphe,
du *Te Deum* de l'allégresse pour la prise de
Jeanne d'Arc. Pour épargner aux ennemis de la
France l'opprobre d'une barbarie que toutes les
lois des nations défendent envers un prisonnier
de guerre, ce sont des Français qui se chargent
de l'iniquité; c'est l'université de Paris qui prie
le duc de Bedfort, *en l'honneur de notre Sei-*
*gneur Jésus - Christ, d'ordonner que cette*
*femme soit brièvement mise ès-mains de la*
*justice de l'Eglise.* Si, naguère encore, la proscription a, parmi nous, frappé d'illustres têtes,
des têtes ceintes aussi des lauriers de la victoire,
qui doute que ce ne soient d'indignes Français
qui, par le moyen de l'influence étrangère, ont
entraîné le gouvernement du roi à de si odieuses
mesures ? Mais le duc de Bedford n'y fût point
entraîné malgré lui, et l'histoire n'a pu l'absou-
dre. Sa première lâcheté est d'acheter (1) la victime pour la livrer aux bourreaux. Les plus cruels,

---

(1) Le capitaine Bourguignon, qui avait pris Jeanne
d'Arc, la vendit au duc de Bedfort pour dix mille francs
une fois payés, et une pension de trois cents francs.

entre tous les bourreaux, sont ceux qui servent
la fureur étrangère contre leurs compatriotes;
et, parmi les plus cruels, nul ne le fut autant
que l'infâme évêque de Beauvais. Ce misérable
prélat réclame, mendie l'exécrable honneur de
présider au procès de l'illustre guerrière qui a
sauvé le royaume : il choisit les juges, et, pour
notre honte, tous, hors un seul, sont Français.
Combien la vertu est grande au milieu des crimes! Combien l'amour de la patrie est une
source féconde de beaux sentimens! Comme il
élève et agrandit les âmes! Comme il développe,
dans des personnes sans lettres, les lumières de
la raison et les clartés de l'esprit! Une jeune fille
de dix-neuf ans est obligée de répondre aux cap-
tieuses interrogations d'hommes vieillis dans les
chicanes de la théologie et du barreau. Modeste
et fière tout ensemble, elle répond avec calme,
avec dignité : si elle s'anime, ce n'est que pour
repousser les outrages faits au caractère de son
roi. Tout l'art de juges pervers ne peut aller plus
loin que de la condamner *au pain de douleur et
à l'eau d'angoisse.* Ce supplice ne suffit pas à la
rage des Anglais. C'est le sang de l'héroïne qu'ils
demandent ; c'est sur un échafaud dressé par des
mains françaises que, pour venger leurs défaites,
ils aiment à voir périr leurs vainqueurs. L'évêque

de Beauvais ne leur refusera pas cette jouissance : une perfidie de plus achevera son ouvrage. On avait exigé de Jeanne d'Arc le serment de ne plus porter les habits d'un autre sexe : elle l'avait juré. Une barbare main lui dérobe ses vêtemens de femme, et y substitue ceux qui avaient fait sa gloire : elle les saisit, peut-être avec joie, mais elle le fait par un sentiment de pudeur qui seul est pour elle une nécessité. Coupable aux yeux de l'atroce tribunal, elle entend prononcer son arrêt de mort. La sentence la déclare *sorcière, apostate, hérétique, idolâtre, menteresse, devineresse, blasphémeresse de Dieu, excommuniée, rejetée du sein de l'Église, abandonnée pour ses forfaits à la justice séculière.* Le bûcher est prêt : elle y monte avec la résignation de l'innocence. La flamme qui la dévore se dissipe dans les airs ; l'âme qui avait produit tant de belles actions monte rayonnante vers le Dieu qui la forma ; et sa gloire, que nulle tache n'a flétrie, brille à jamais sur la terre de l'éclat le plus vif et le plus pur. Ainsi périt, comme hérétique et sorcière, la libératrice de la France. Ses sortiléges étaient l'amour de la patrie ; son hérésie, celle de l'honneur et de la vertu. Rois, qui nous gouvernez, ne reconnaîtrez - vous donc jamais que c'est des palais des grands et des pontifes que

partent toujours les coups qui vous frappent ;
que c'est de la cabane du pauvre que part votre
salut ! Mais hâtons-nous de rendre les Anglais à
l'Angleterre, et suivons-y avec eux le cours des
proscriptions dont la religion mal entendue est
en effet le motif.

La doctrine de Luther, à peine répandue en
Allemagne, franchit aussitôt l'Océan. Malgré les
persécutions qui, sous Henri V, avaient été dirigées contre les lollards, tous les hommes éclairés pensaient, comme ces sectaires, qu'une réforme des abus de l'Église était indispensable. La
réformation trouva ainsi beaucoup de bons esprits disposés à l'accueillir. Henri VIII ne fut pas
de ce nombre. L'auteur favori de ce prince était
Saint-Thomas d'Aquin, et Saint-Thomas avait été
traité fort irrespectueusement par Luther. Henri,
qui avait reçu de son éducation bizarre le goût de la
controverse, écrit contre la réformation prêchée
en Allemagne et reçoit du pape le titre *de défenseur de la foi*. Luther réplique avec une in-
solente grossièreté dont plus tard ses partisans
porteront la peine. C'était encore l'époque bril-
lante du règne de Henri VIII. Il cherchait à con-
vaincre et ne proscrivait pas. Le cardinal de
Wolsey avait alors toute sa confiance et Wolsey
ne fut point persécuteur.

On sait quel motif amena la rupture de Henri
VIII avec la cour de Rome. Cette rupture s'opère
avec ordre. Le parlement, soumis aux vues du
roi, lui confère le titre de chef suprême de
l'église anglicane, et le clergé n'est pas moins
docile que le parlement.

J'ai cité ailleurs Thomas Morus, pour prouver
que des hommes d'un grand mérite n'ont pas été
exempts de la frénésie qui tourmentait alors
l'Europe. Les preuves en sont affreuses. Devenu
chancelier, il semble que toutes les lumières de
la philosophie s'éteignent dans l'esprit de Thomas
Morus, comme tout sentiment d'humanité dans
son cœur. Cet homme si savant, si doux, n'est plus
qu'un barbare sophiste. Il fait amener chez lui
un gentilhomme, Beinham, dont les opinions
diffèrent des siennes : il entre en discussion avec
lui ; et, fortifiant ses argumens du secours des
tortures, il lui arrache une abjuration qui sera
bientôt rétractée. Pour le punir de sa rétractation, il le fait brûler comme relaps.

Ce même homme, qui croit pouvoir commander aux consciences, périra bientôt pour avoir
voulu conserver l'indépendance de la sienne. Un
serment est prescrit à toute l'Angleterre : il refuse de le prêter ou, sans exprimer un refus for-
mel, il se tait sur le point de la *suprématie* dé-

23

férée au roi. Il se tait : il est condamné et subit
la mort pour le crime de son silence.

On ne saurait, sans compassion pour l'espèce
humaine, contempler le tableau qu'offrait l'Europe. Persécuteur en France, le catholicisme romain est persécuté en Angleterre. Dans ce dernier royaume, la peine d'emprisonnement, de
confiscation de biens, est portée (1) contre toute
personne qui soutiendrait l'autorité de l'évêque
de Rome : on déclare coupables de haute trahison toutes celles qui ne veulent pas jurer de renoncer au pape. Des révoltes se manifestent : la
force des armes les dissipe, et les bourreaux at-
teignent les chefs échappés au fer des soldats.

En Angleterre, comme en France, la cupidité
et l'avarice jouent un rôle actif dans les proscriptions religieuses ; mais le bras de mer qui sépare
les deux pays met une différence entre les oppresseurs et les victimes. En France, ce sont les
biens des réformés que s'approprient les catholiques romains ; en Angleterre, on envahit les
biens du clergé catholique. Dans les deux pays,
les courtisans partagent ces dépouilles avec le
prince. Pour s'assurer de la noblesse, Henri VIII

_____

(1) En 1536.

lui cède une partie des biens des monastères soit
en pur don , soit par des ventes à vil prix , soit
par des échanges.

L'ardeur de dispute , que ce prince avait
déployée , au commencement de son règne,
en faveur de l'Eglise romaine , devient bien
plus vive encore quand il défend sa propre doctrine. Un maître d'école , nommé Lambert,
obstiné à rejeter cette doctrine royale, en appelle au roi, et le roi répond à l'appel. Fanatique comme son obscur provocateur , Henri
ne craint point de compromettre la majesté
royale dans une lutte indigne de lui. Le combat
s'engage ; les traits se croisent ; nul ne s'avoue
vaincu , mais la victoire est proclamée en faveur
de l'argumentateur couronné (1); et celui-ci,
sans générosité dans le succès, envoie au supplice
le champion opiniâtre qu'il n'a pu convertir. On
juge si les bourreaux sont humains envers un
théologien vaincu par la théologie d'un roi.

Ce n'est pas pour les hommes seuls que la
théologie du roi est à craindre. Une jeune femme,

---

(1) Il en est des théologiens comme des poëtes :
  Un poëte est toujours fort bon
  A la tête de cent mille hommes.
                              VOLTAIRE.

distinguée par sa beauté et par son mérite, en
faveur auprès de la reine, Anne Ascüe, s'avise
de dogmatiser sur des questions qu'a décidées
l'infaillibilité royale. Une éclatante vengeance
doit suivre une pareille témérité. C'est le chef
de la magistrature, le chancelier Wriothesely,
qui poursuit la coupable, qui préside à son châtiment. Dans son ardeur pour la gloire scholas-
tique du roi, il trouve les bourreaux trop accessibles à la pitié, et, sur leur refus d'aggraver les
souffrances de la victime, il porte lui-même la
main à l'instrument de la torture. Après avoir
fait souffrir de longues douleurs à cette infor-
tunée, on la condamné à être brûlée vive, et il
faut la porter au bûcher qui l'attend. Lorsque
de telles cruautés ont lieu sous les yeux du
prince, dans les rangs élevés, on juge ce qui se
passe dans les rangs inférieurs. La raison indignée ne sait où placer la supériorité de barbarie.

Mon intention n'est pas de suivre de règne en
règne le cours plus ou moins actif des proscriptions religieuses en Angleterre. Sous la
maison de Stuart, la politique entrera dans le
dogme, et l'œil le plus habile aura peine à démêler la question du pouvoir absolu de la
question de liturgie. Je bornerai à la maison de

Tudor l'examen qui m'occupe. Ce n'est pas que
sous Henri VIII la question d'état n'eût aussi
été confondue avec la question de dogme; mais
comme ce prince ne rencontra pas de résistance
en faveur de la liberté, ce ne fut point comme
ennemi de la liberté, qu'il employa l'arme des
proscriptions. En réalité il fut dominé au même
point, peut-être, par le fanatisme de la toute-
puissance royale et par le fanatisme religieux.
Si la manie d'argumenter sur des questions
théologiques dut le porter à s'arroger un pouvoir sans bornes, pour faciliter le triomphe de
ses opinions; il ne se servit pas avec moins d'a-
dresse de sa suprématie religieuse pour assurer
sa suprématie politique. Comme chef de la réformation anglicane, et d'une réformation
opérée par des voies violentes, il a droit de
prendre place parmi les persécuteurs, en même
temps que, comme destructeur des priviléges et
des droits dont avaient joui les Anglais avant
son règne, il a son rang marqué parmi les despotes, on peut même dire parmi les tyrans.
Chez Marie, sa fille, les mêmes passions se re-
trouvent, mais dans une proportion différente.
Ce qui l'emporte chez cette princesse, c'est le
fanatisme religieux : elle veut le despotisme
aussi, mais comme moyen. Élizabeth, après

elle, héritière des deux despotismes, saura les faire excuser et supporter l'un et l'autre.

Édouard, frère de Marie, ne vécut que pour prouver de nouveau aux peuples combien est funeste un gouvernement dans lequel il n'existe point de précautions législatives pour le cas ou des rois enfans sont appelés au trône. Je ne ferai, à l'occasion de ce règne, qu'une seule remarque, c'est que Marie, persécutée alors pour son attachement à la religion catholique, déclara qu'elle subirait plutôt la mort que d'embrasser un autre culte. Comment la même princesse, qui défend ainsi sa liberté de conscience contre les violences du pouvoir, peut-elle ensuite s'armer de toutes les rigueurs du pouvoir contre la liberté de conscience ? Comment peut-elle vouloir anéantir en autrui ce qu'elle a si courageusement réclamé pour elle - même ? Cette question si naturelle trouve sa réponse dans l'un des traits du caractère de Marie. « Son igno- « rance, dit Hume, la rendait également in- « capable et de douter des opinions qu'elle « avait reçues, et d'avoir de l'indulgence pour « celles des autres. » C'est donc encore l'igno- rance qui va devenir le principe des plus af- freuses cruautés ! Marie promet d'abord, dans ses déclarations publiques, de tolérer les croyances

différentes de la sienne, mais elle ne tarde pas
à jeter le masque, et envoie au pilori un audacieux qui lui rappelle ses engagemens. Le catholicisme se relève avec une prodigieuse activité : il dépose, il dépouille, il renverse tout ce
qui retarde son triomphe. Les consciences alors
semblaient n'attendre, pour se décider, que la
manifestation de la volonté royale. Le mariage
de Marie avec Philippe II accroit encore cette
disposition. Les deux chambres du parlement
présentent à Philippe et à Marie une adresse
pour les prier de reconcilier le royaume avec le
siége apostolique. Un légat, au nom du pape,
lève les censures, donne l'absolution au parlement et au peuple , et l'ouvrage qui a coûté
tant d'efforts à Henri VIII , tant de sang à ses
sujets, est détruit en un moment par sa fille.

Ce n'est pas assez pour Marie de voir la religion qu'elle professe, préférée et dominante, son
impitoyable zèle ne peut se reposer tant qu'elle
n'aura pas entièrement extirpé l'hérésie. Elle appelle les délibérations de son conseil sur les
moyens d'y parvenir. Un homme vraiment religieux , le cardinal Pole, se déclare pour les
voies de la douceur. Un autre prélat, à qui toute
religion est indifférente , mais qui connaît le
penchant et la volonté de Marie, Gardiner , ap-

puie le système de la sévérité et son avis l'emporte sans peine. Nous ferons remarquer que l'un de ses principaux raisonnemens est celui que les jésuites feront valoir sous Louis XIV et qui aura trop de poids sur les déterminations de ce prince. On convient que la persécution ne fait que des hypocrites ; mais les enfans de ces faux convertis seront élevés dans des opinions orthodoxes : ils les embrasseront de bonne foi et leur salut est assuré. D'après cette puissante considération, il est décidé que les lois contre la religion réformée seront exécutées dans toute leur rigueur.

Je tremble de faire un pas de plus dans ce règne abominable. C'est sous le nom de la religion, que tous les génies de l'enfer semblent avoir été appelés aux funérailles du genre humain. Les prélats les plus distingués et les plus vertueux ouvrent les premiers cette sanglante carrière : ils expirent avec une admirable constance dans des flammes lentement entretenues. Près du bûcher sont leurs lettres de grâce, qui attendent leur rétractation. Nul ne se rétracte. Tous meurent en invoquant le ciel, et en excitant le peuple à mourir comme eux. Cranmer, qui lui-même autrefois a été le persécuteur des ariens et des anabaptistes, Cranmer est, à son

tour, victime de sa croyance. Ébranlé par la
terreur du supplice, il cède un moment et signe
une espèce de justification. Le repentir suit aussitôt la faute et il reprend toute sa dignité. Il
marche à la mort d'un pas ferme. « Cette main a
« péché, » dit-il : et, Scévola chrétien, il la laisse
tranquillement consumer par les flammes. Après
cette expiation, il abandonne le reste de son
corps au bûcher, et son visage toujours calme
conserve jusqu'au dernier moment l'empreinte
anticipée du bonheur auquel il aspire pour
prix de sa vertu. Si l'héroïsme de la résignation
dans les tortures atteste la vérité, combien de
vérités contradictoires ont été scellées du sang
des martyrs ! Deux évêques, celui de Londres
et celui de Worcester, sont jetés ensemble dans
le même bûcher : « Consolons-nous, dit Lati-
« mer à Ridley, nous allumons aujourd'hui une
« torche qui, s'il plaît à Dieu, ne s'éteindra ja-
« mais. » Il se trompait. Cette torche s'est
éteinte. Le fanatisme persécuteur a été détruit
en 1688, en même temps que le pouvoir absolu.
La tolérance n'est pas complète encore peut-
être ; mais l'humanité est moins outragée : l'intolérance a cessé d'être sanguinaire. Que de ra-
vages doit faire avant cette époque de libération,
la torche allumée par Henri VIII, et secouée

avec violence par la main forcenée de Marie ! en
trois ans sous le règne de cette princesse deux
cent soixante dix-sept personnes sont brûlées
vives, et l'on ne compte pas le nombre prodi-
gieux de celles qui subissent d'autres peines,
comme l'emprisonnement et les confiscations.
C'est sur le seul soupçon d'hérésie que s'ap-
plique la peine capitale : on traite comme re-
belle, on exécute prévôtalement quiconque
aurait des livres hérétiques, téméraires ou séditieux et ne les brûlerait pas sans les lire. De
tous côtés les meilleurs citoyens sont aux prises
avec les bourreaux : fatigués de périls toujours
renaissans, un grand nombre d'entre eux se hâtent de fuir une patrie meurtrière, et des milliers d'Anglais vont porter dans des contrées
moins intolérantes leur industrie et leurs richesses.

Nous avons vu que les deux chambres du
parlement, empressées à répondre au vœu de
Marie, avaient sans difficulté abjuré la religion
anglicane, mais il était un autre point sur lequel
leur renonciation eût été plus difficile à obtenir;
c'était la possession des biens ecclésiastiques
dont une partie était passée dans les mains d'un
certain nombre de leurs membres. L'Eglise se
montra d'abord indulgente : il fut stipulé que les

propriétaires de ces biens n'auraient à craindre
ni recherches ni censures ecclésiastiques ; mais
le Saint-Siége n'abandonne jamais irrévocable-
ment ses prétentions temporelles. L'année suivante, Paul IV exige la restitution de tous les
biens de l'Église, déclarant que ce qui appartient à Dieu ne peut être converti à des usages
profanes ; que quiconque retenait ces biens était
en état de damnation éternelle. Marie qui pré-
férait, disait-elle, le salut de son âme à dix
royaumes comme l Angleterre, dépouille la couronne de tous les biens ecclésiastiques dont son
domaine s'était accru, et elle marque vivement
le désir de voir cet exemple imité par tous les
détenteurs des biens du clergé ; mais sur ce
point la conscience du parlement résiste à l'influence royale et, pour conserver leurs acquisi-
tions, ces catholiques, si ardens d'ailleurs à seconder les fureurs insensées de Marie, ne crai-
gnent point de courir les chances de la damnation dont on les menace.

De tous les pays où les femmes parviennent
au gouvernement, il n'en est aucun qui ait vu
une reine aussi cruelle que Marie ; à moins de
remonter au temps des Brunehaut et des Fré-
dégonde. Catherine de Médicis, qui, sous le
règne de ses fils, a en effet gouverné la France,

a peut-être versé plus de sang encore, mais ce
fut d'une manière moins atroce : il y avait une
sorte de guerre ouverte en France, entre les
protestans et les catholiques, et les crimes de
Catherine révoltent moins parce qu'ils sont plutôt des crimes politiques que des crimes religieux. « Pour moi, disait-elle, après la Saint-
« Barthelemy, je n'ai à me reprocher que la
« mort de six. » Marie se serait honorée de la
mort de tous, et elle eût cru avoir des droits à la
faveur du ciel en raison du nombre des victimes. Nul prince dans aucun pays n'a fait plus
de mal à la religion catholique : elle l'a rendue
exécrable à l'Angleterre. A côté de Marie, Élisabeth est un prodige de bonté : moins fanatique
et moins acharnée, fut la célèbre Isabelle qui
pourtant fonda l'inquisition. Marie est le Néron
du sexe féminin.

Enfin l'Angleterre respire : un siècle plus
doux semble naître pour le peuple anglais. Marie
n'est plus : elle n'avait connu que la violence et
la force. Elizabeth s'avance par d'autres chemins.
Cette princesse a vu quel est le penchant de la
nation : elle sera de la religion qui a le plus de
partisans : elle sent qu'il ne faut pas renverser
d'un premier coup l'ordre de choses existant :
elle le mine avec adresse, et, en quelques mois,

elle a fait assez de progrès pour oser davan-
tage. Sa pénétration aperçoit tout ce qu'il y a
d'utile pour l'autorité royale dans le titre de
chef de l'Église, et la suprématie religieuse d :
Henri VIII reprend en elle son véritable caractère. Pour donner au changement qu'elle prépare, et qui est déjà consommé d'avance, ces
formalités extérieures que l'opinion semble réclamer, on établit de nouveau des discussions
publiques entre les catholiques et les protestans.
Sous son règne, comme sous les règnes précédens, la victoire est pour les théologiens de la
cour. Un bill abolit la messe et rétablit la liturgie
d'Edouard VI. Le catholicisme est proscrit, et
des peines sont décernées contre ceux qui refu-
seraient de se conformer au nouveau culte.
Quelques rigueurs ont lieu; mais, après le règne
précédent, elles méritent à peine d'être remar-
quées.

Je termine à cette époque mes observations
sur les proscriptions religieuses de l'Angleterre,
parce que c'est là que jaillit, du récit que je viens
de faire, la plus instructive des leçons pour les
rois et pour les peuples. Je ne m'attache point à
rechercher quel a été le principe de ces proscriptions : que ce soit la manie de la controverse
chez Henri VIII, l'ignorance chez Marie, l'amour

du pouvoir absolu chez tous deux, cette question n'est, en cette circonstance, que d'un intérêt secondaire. Ce qui mérite l'attention la plus sérieuse, ce qui est de la plus haute importance, ce n'est point le principe de ces proscriptions, c'est leur résultat. Pour séparer l'Angleterre de l'Eglise romaine, Henri VIII couvre le pays qu'il gouverne de bûchers et d'échafauds. Quel est l'effet de tant de cruautés? Il est nul; car Marie replace l'Angleterre dans la dépendance de la cour de Rome. Pour affermir l'union de l'Angleterre avec le Saint-Siége, Marie surpasse les barbaries de son père. Quel sera l'effet de ces incroyables fureurs? Il sera nul; car Elisabeth, sans violence, sans effort, rompt les liens sanglans renoués par la main de Marie, et rétablit l'Angleterre dans l'état où l'avait laissée Henri VIII. Voilà donc où tant et de si atroces proscriptions ont abouti. Si nous en avons retracé la déplorable image, ce n'est point pour effrayer les âmes, c'est pour parler à la raison : c'est de la froide raison que nous invoquons le jugement. La leçon éclatante et terrible que donnent aux peuples et aux rois les proscriptions religieuses de Henri VIII et de Marie est-elle seulement dans l'injustice de ces proscriptions? Non; elle est surtout *dans leur inutilité*.

# CHAPITRE V.

*Des Proscriptions contre les hérétiques dans les États autrichiens, dans les Pays-Bas, en Espagne et en Italie.*

La rapidité des progrès que fit en Allemagne la doctrine de Luther épargna aux peuples de cette contrée les persécutions que les partisans des nouvelles doctrines eurent à souffrir dans les autres pays. C'est en 1517 que ce novateur avait commencé à prêcher contre les indulgences. Dès 1526, l'électeur de Saxe, le landgrave de Hesse, les ducs de Mecklembourg, de Lunebourg et de Prusse et un certain nombre de villes impériales avaient adopté le nouveau corps de doctrine qu'il avait établi. Dès-lors on dut mettre, dans les États voisins, plus de ménagemens envers les sectaires, outre que la politique intéressée des autres princes, que fatiguait également le joug de l'Eglise romaine, voyait, dans le succès de la réformation, d'une part, leur affranchissement sous le rapport ecclésiastique, et, de l'autre,

une riche proie mise à leur disposition dans les
immenses domaines du clergé.

En 1529, quoique la diète de Spire déclarât
que nul membre du corps germanique ne serait
inquiété pour cause de religion, comme le même
décret portait que provisoirement on ne devait
pas abroger la messe, les Etats qui avaient embrassé la réformation, et dont le nombre s'était
augmenté encore, se sentirent assez forts pour
protester formellement contre cet acte. De là vint
le nom de *protestantisme* pour la religion réformée, et la division de l'Allemagne en parti
catholique et en parti protestant. A la tête du
parti catholique se plaça la maison d'Autriche.

Le principe des proscriptions religieuses, dans
les Etats dépendant de l'Autriche, ne sera pas
seulement dans le fanatisme et dans l'ignorance
des princes; il sera aussi dans la politique du cabinet, politique fausse qui contribuera à l'abaissement de cette maison. Dès que l'empire fut
partagé en deux religions, l'Autriche eût cru affaiblir la part qui restait sous son influence, en
admettant dans ses propres Etats la religion du
parti contraire. La cour de Vienne employa donc
les moyens de rigueur pour extirper cette religion; mais les proscriptions commandées par
cette cour, non moins rigoureuses que celles des

autres pays catholiques, furent, comme elles, re-
marquables par *la nullité définitive du résultat.*

En Hongrie, les persécutions engendrent la
révolte, et la révolte produit ces guerres où les
mécontens eurent d'illustres chefs dans Betlem
Gabor et Georges Ragoczi. Quel fut l'effet de
toutes ces guerres? La concession forcée de l'indépendance religieuse, à laquelle on s'était si
long-temps refusé. Le libre exercice de la religion protestante fut assuré aux Hongrois par
les pacifications de Vienne (1) et de Lintz (2),
et par les diètes de OEdenbourg (3) et de Pres-
bourg (4).

Mêmes proscriptions en Bohême, même révolte, et à peu près même résultat. Un siècle auparavant, ce pays avait vu commencer la guerre
des hussites, guerre qui fut plusieurs fois suspendue par des transactions en faveur de ces
sectaires, et plusieurs fois renouvelée par suite
du peu de fidélité de la cour de Vienne à tenir
ses engagemens. On ne peut songer à ces guerres

---

(1) En 1606.
(2) En 1645.
(3) En 1622.
(4) En 1647.

sans se rappeler les talens de ce Jean Zisca, qui, souvent vainqueur des troupes impériales, força l'empereur Sigismond à traiter (1) avec lui; qui, même après sa mort, toujours présent au milieu de ses intrépides compagnons, leur sonnait (2) la charge, et les conduisait encore à la victoire. Si le plus grand nombre des hussites finit par être exterminé, est-ce un motif, pour l'Autriche, de s'applaudir du succès de ses proscriptions? Non; car le principe de l'hérésie n'est pas détruit, et tout ce qui reste d'hommes attachés à la doctrine de Jean Huss se hâtera d'adopter celle de Luther.

Dans la réconciliation (3) de la Bohême avec l'Eglise romaine, le Saint-Siége ne manque pas de demander la restitution des biens du clergé, dont des laïques se sont mis en possession. La réclamation fut sans effet, comme nous avons vu qu'elle l'a été plus tard auprès du parlement d'Angleterre. Il en sera de même ailleurs.

---

(1) En 1424.

(2) « Qu'on fasse un tambour de ma peau, dit Zisca, en mourant : on fera fuir nos ennemis au son de ce tambour. »

(3) En 1456.

Si la proscription des hussites n'a été qu'une cruauté inutile, celles qui seront dirigées, en Bohême, contre les protestans, n'auront pas un meilleur résultat. Pour apaiser les troubles qu'elles ont fait naître, Maximilien II est obligé de changer de système. Dans une diète, tenue à Prague, en 1609, il autorise le libre exercice du culte protestant par des lettres patentes connues sous le nom de *lettres de majesté*. Ces lettres accordent la même liberté aux protestans de Silésie et de Lusace. La diversité d'interprétation donnée aux lettres de majesté par la cour de Vienne et par les protestans amènera des débats qui seront l'origine de la guerre de trente ans.

Cette célèbre guerre fut, on le sait, fomentée et entretenue par la politique autant que par l'esprit de religion. Ces deux élémens qui la formèrent se confondirent dès son commencement. A la mort de Mathias, roi de Bohême, au lieu de reconnaître Ferdinand II, que ce prince avait déclaré son fils adoptif, les États déférèrent la couronne à Frédéric, électeur palatin. Celui-ci ne sut point la défendre : une bataille la lui ravit, et Ferdinand vainqueur signala son triomphe par une double proscription, proscription politique, et proscription religieuse. De nombreuses exécutions punissent les chefs de la noblesse de

24.

l'élection de Frédéric, et constatent la légitimité de Ferdinand. La haine de ce prince pour
le protestantisme ne craignant plus d'obstacle, il
abrogea le libre exercice de ce culte. Il priva tous
ceux qui le professaient des droits de cité, et
attacha l'illégalité à leurs mariages. Enfin, en 1627,
il fut ordonné à tous ceux qui n'abjureraient pas
de sortir de la Bohême dans un délai de six mois.
On vit, en exécution de cet ordre barbare, partir
trente mille des meilleures familles du pays qui
portèrent leur industrie et leur fortune dans la
Saxe et dans les autres États protestans de l'Allemagne. Qui ne reconnaît dans les lois établies en
Bohême par Ferdinand II le type des lois établies en France par Louis XIV ? Un demi-
siècle plus tard, sous un règne brillant, on va
chercher des modèles de législation en Bohême,
sans se rappeler quels effets cette législation y
avait produits. Il n'est que trop prouvé que,
dans les gouvernemens absolus, la leçon des
siècles antérieurs est généralement dédaignée ou
inaperçue par les princes. Aujourd'hui que, par
un nouveau mode d'organisation sociale, les
princes ne seront plus possesseurs exclusifs de la
puissance législative, nous sommes fondés à croire
que l'expérience du passé ne sera pas de même
perdue pour les peuples. Mais enfin où aboutiront

en Allemagne toutes les proscriptions dirigées
contre les protestans? à la paix de Westphalie,
qui, en consacrant la liberté de conscience, sera,
de la part des princes catholiques forcés de la
souscrire, la reconnaissance solennelle de l'*inutilité* des proscriptions religieuses.

Un autre grand exemple de cette inutilité avait
déjà été donné à l'Europe par la trève que l'Espagne avait été obligée de signer avec les Pays-
Bas en 1604. J'ai considéré ailleurs, sous le rapport politique, les proscriptions de Philippe II
dans les Pays - Bas. Je ne ferai mention ici que
de quelques traits qui appartiennent spécialement à la proscription religieuse. Tel fut
l'établissement de ce conseil de douze personnes
formé par le duc d'Albe, et dont les jugemens
étaient sans appel. Ce conseil fut surnommé
*le conseil du sang*, et il méritait son nom. Nos
proscripteurs des derniers temps sont des pygmées
auprès du duc d'Albe qui se vantait (1) d'avoir
fait périr dix-huit mille personnes par la main du
bourreau. Les protestans avaient profané quelques églises. Les tribunaux condamnaient et les

---

(1) *J clare solitus octodecim millia carnificis se mi-
nisterio sustulisse.* Gnorius. Hist. des Pays-Bas.

profanateurs et ceux qui ne s'étaient pas opposés (1) à la profanation. Dès qu'un tribunal est
établi contre des opinions et des croyances, il
n'attend pas l'action pour punir ; il la devance,
il suppose la pensée du mal, et il punit le mal
qu'il a supposé. Aussi les peuples, pleins des sou-
venirs du passé, ne voient-ils jamais sans effroi
s'élever des tribunaux semblables. Si l'Europe,
l'Espagne exceptée, a franchi sans retour les
siècles où des tribunaux ecclésiastiques, entou-
rés de bourreaux, disposant de tous les raffinemens de la torture, s'opposèrent sans succès au
triomphe d'idées nommées hérétiques par l'église
romaine, n'est-ce que pour retomber dans une
ère de siècles également barbares, ou des tribunaux politiques opposeraient les mêmes armes
au triomphe des idées libérales? L'impuissance
des bourreaux contre l'indépendance religieuse
est démontrée. Sommes-nous destinés à voir
s'opérer par les mêmes moyens la démonstration
de leur impuissance contre la liberté politique.

---

(1) Un commandant espagnol disait en latin bur-
lesque : *Hæretici fraxerunt templa : boni nihil faxerunt
contra : ergo omnes debent patibulare.*

Mais peut-être je pousse trop loin l'assurance de mes assertions. Il existe en faveur des proscriptions, en faveur de la toute-puissance des tribunaux ecclésiastiques et politiques, un grand exemple, un exemple toujours vivant ; oui, je le reconnais, il en existe un et il n'en existe plus qu'un depuis la chute de Venise, c'est celui du gouvernement espagnol *en Espagne*. Vaincu dans les Pays-Bas, ce gouvernement est vainqueur au-delà des Pyrénées. Oui, nous avouons la victoire d'un gouvernement qui a pu chasser, en 1492 (1), cent soixante-dix mille familles ou maranes ou juives ; qui, en 1609 (2), a chassé neuf cent mille maranes, soupçonnés de n'avoir embrassé qu'en apparence la religion chrétienne. Nous avouons la puissance de l'irrésistible tribunal qui a extirpé de l'Espagne le judaïsme, le mahométisme, l'hérésie, et qui maintenant en extirpe le libéralisme. Oui, l'exemple de l'Espagne répond à toutes les objections : on peut, par des proscriptions, détruire la liberté religieuse ; on peut, par des proscriptions, anéantir la liberté politique ; mais, pour y réussir, il faut faire tout ce que fait le gouvernement espagnol ; quel est

(1) Sous le règne de Ferdinand et d'Isabelle.
(2) Sous Philippe III.

sur le continent européen le diplomate, l'homme
d'état, qui osât en donner le conseil au prince
dont il est le ministre?

Quelle que soit l'impossibilité morale d'une
chose qui ne serait possible qu'en imitant le gouvernement espagnol, on pourrait contester encore ce genre même de possibilité. La position
topographique de l'Espagne seconde, dans un
système de proscription, la volonté du gouvernement. Défendue par la ceinture de la mer et
par les Pyrénées, elle est sans contact avec les
autres pays : elle peut aisément fermer tout passage à ce qui entre, à ce qui sort : elle arrête avec
la même facilité les hommes et les livres : elle
peut se constituer sans peine dans un état com-
plet d'interdiction avec le reste du genre humain. La nature n'a pas si bien servi ailleurs les
gouvernemens qui auraient le goût du despotisme politique ou religieux : leurs frontières
sont de toutes parts ouvertes et accessibles. S'ils
veulent que leurs peuples soient stationnaires
comme les Chinois et les Espagnols, il faut ou
qu'ils les enferment dans une péninsule, ou qu'ils
élèvent autour d'eux la grande muraille de la
Chine.

Une autre péninsule appelle notre attention.
Elle est plus à plaindre encore peut-être, parce

que , si elle a eu souvent à souffrir tous les genres
de despotisme , elle a connu , par intervalle ,
tous les genres de liberté , et surtout la liberté
politique. Nous avons précédemment jeté un
coup d'œil sur les proscriptions politiques de
l'Italie : nous eussions pu , avec quelque raison ,
placer dans le même cadre ses proscriptions religieuses ; car , dans cette contrée surtout , les
deux principes se sont souvent confondus ensemble. Il est difficile assurément de placer
parmi les proscriptions religieuses , le supplice
d'un homme dont la croyance est pure , dont la
foi est orthodoxe. Nous ne pouvons toutefois
nous en dispenser lorsque l'accusation , vraie
ou fausse , d'hérésie a été le motif de la condamnation. Un moine républicain aussi éclairé
qu'éloquent , Arnaud de Brescia , dirige ses pré-
dications contre les vices du clergé et les dangereuses conséquences de son pouvoir tempo-
rel. Il est condamné par le concile de Latran
et obligé de fuir l'Italie. Réfugié à Constance ,
il n'échappe qu'avec peine à la persécution exci-
tée contre lui par les lettres de saint Bernard.
Voué à la liberté dans tous les pays , il va la prêcher à Zurich et, bientôt plus heureux, il la
rétablit (1) à Rome. Il rend à Rome affranchie

_____

(1) En 1145.

la constitution et les lois de la république romaine, et jouit pendant près de dix ans du succès de ce grand ouvrage, heureux s'il avait pû affranchir les Romains des terreurs religieuses qui les replaceront sous le joug ecclésiastique. Adrien IV a frappé Rome d'interdit : la liberté est aux prises avec la superstition et la superstition triomphe. Le sénat négocie : Arnaud s'éloigne. Un empereur, Frédéric Barberousse, le fait arrêter et a la lâcheté de le livrer au pape. Celui-ci, plus lâche encore, hâte son supplice (1) et le fait brûler comme hérétique. Son hérésie fut celle de Caton, l'hérésie de la liberté.

Si la vie des cloîtres a produit de violens persécuteurs, elle a plus d'une fois aussi développé dans des âmes généreuses un vif enthousiasme pour la liberté, un infatigable zèle pour le bonheur du genre humain. C'est un hommage que je me plais à rendre à la vie monastique. Le sujet que je traite me conduit trop souvent à parler de moines d'un caractère tout opposé, de fanatiques cruels qui n'éclairaient le monde que de la flamme des bûchers. Il m'est doux de payer un juste tribut de respect à des prêtres citoyens

---

(1) En 1155.

qui ont été les bienfaiteurs de leur pays. Parmi
eux se distinguent surtout Jacob des Bussolari
et le fameux Jean de Vicence.

A l'exemple d'Arnaud de Brescia, Jacob des
Bussolari rend momentanément la liberté à sa
patrie : il soustrait Pavie au joug des ducs de
Milan et, pendant plusieurs années, il la défend
contre eux avec succès. Prédicateur et général,
il enflamme les cœurs de l'amour de la liberté
et guide au combat ses concitoyens. La fortune
ne récompense pas sa vertu : il succombe et va
périr (1) dans le cachot d'un couvent à Verceil.

Au milieu des guerres intérieures qui désolent l'Italie, Jean de Vicence la parcourt, l'olivier à la main. Par la puissance de son éloquence chrétienne, il calme les passions,
maîtrise les âmes et force les inimitiés les plus
implacables à déposer les armes. Jamais orateur n'obtint un plus beau triomphe. A sa voix,
toutes les cités de la Lombardie signent un traité
de pacification universelle.

A côté de ces noms que recommande l'héroïsme de l'amour de la patrie fortifié par la re-

---

(1) En 1359.

ligion, combien n'en est-il pas qui ne rappellent
que l'effroyable souvenir de la religion perver-
tie , et changée en instrument de destruction et
de ruine ! De tous ces noms, le plus terrible
est celui de Dominique. C'est sous le pontificat
d'Innocent III que ce moine paraît sur la scène
du monde. Le moine et la pape étaient dignes
d'être comtemporains.

Innocent III, habile à mettre en jeu les res-
sorts d'une politique tout humaine, donne à
la puissance du Saint-Siége une étendue et un
degré de force que peu d'autres papes ont su
atteindre. Nul avant lui n'avait été aussi loin.
Nul n'a fait plus après lui. C'est de lui que date
la véritable fondation de la monarchie pontificale. Il a subjugué les princes par les interdits
et les excommunications : il veut exercer la
même domination sur l'esprit des peuples, en
excitant partout la fureur de la persécution
contre les hérétiques. La palme de la proscription religieuse doit lui appartenir : il a Dominique pour coopérateur.

Cette fureur de persécution qu'Innocent III
veut employer comme moyen de puissance,
il faut la créer en Italie : elle n'y existe pas. Les
peuples de cette contrée étaient alors moins

superstitieux que la plupart des autres nations.
Ils avaient, presque tous, des gouvernemens populaires. L'Italie était un vaste champ semé de
républiques. Toutes les libertés se tiennent. Là
où la liberté politique est établie ou du moins
connue, il existe nécessairement une certaine
liberté de conscience. On veut pour ses opinions religieuses la même indépendance que
pour ses opinions politiques. Une secte chassée
d'Asie, les pauliciens, espèce de manichéens,
était assez répandue en Italie et dans le midi de
la France : ces sectaires étaient paisibles et les
gouvernemens ne s'apercevaient point de leur
existence. Innocent III va troubler ce repos par
un coup de tonnerre. La peine de mort avait
bien été portée contre certains hérétiques par
une loi du code Théodosien; mais depuis long-
temps cette loi était tombée en désuétude et,
dès son établissement, les évêques eux-mêmes
s'étaient opposés à son exécution. Les évêques,
et saint Augustin était de ce nombre, n'a-
vaient pas eu pour la pureté de la foi le zèle ardent d'Innocent III. Ce pontife est destiné à donner
un autre exemple à la chrétienté et malheureusement son exemple sera trop bien suivi. « Que
« la personne des hérétiques soit livrée au bras
« séculier. » C'est dans ces termes, modérés en

apparence, qu'est conçue la loi qui, appliquée
d'abord dans les États de l'Église, multipliera
plus tard dans tous les États chrétiens les tortures et les supplices. Elle a de plus un trait
particulier qui la distingue. Nous nous sommes
révoltés, en voyant dans les proscriptions politiques en France, des juges prendre part à la dépouille de ceux qu'ils condamnaient; mais ce
n'était qu'un fait particulier et non l'effet d'une
disposition législative. Dans la crainte de manquer de victimes, la loi d'Innocent III offre une
prime à l'activité des juges. Les biens des condamnés se partagent entre le délateur, la ville
et le tribunal.

Non content d'exterminer les pauliciens sur
son territoire, Innocent III les poursuit au-dehors : il envoie contre eux dans les différentes
villes d'Italie ces soldats du fanatisme, ces Cosa-
ques de la superstition dont Dominique est le
général. Dominique lui-même prêche la croi-
sade contre les Albigeois. On se souvient que
c'est dans cette guerre, au milieu de Béziers en
flammes, lorsque sept mille personnes avaient
cherché dans les églises un asile qui ne les sau-
vera pas, qu'Arnold, abbé de Cîteaux, criait aux
soldats : « Frappez, frappez les tous, Dieu con-
« naîtra bien ceux qui sont à lui. » Les domi-

nicaïns ne sont d'abord qu'une milice irrégu-
lière, mais bientôt leur fureur, devenue plus
méthodique sans cesser d'être dévorante, est
mise en possession du droit de former ce redoutable tribunal que l'influence du Saint-Siége in-
troduira successivement dans les différens Etats
d'Italie, en Espagne, dans le Portugal et jusque
dans le nouveau monde.

Cependant malgré l'infatigable activité des
dominicains, le plaisir de brûler des hérétiques
ne fut pas très-long-temps goûté en Italie. Les
papes eux-mêmes en furent distraits par les passions politiques qui agitaient alors tous les Etats.
L'Italie surtout était dans la plus vive fermen-
tation. Les croisades prêchées par des papes
contre des princes chrétiens n'ont été souvent
que d'inutiles iniquités. Les croisades, prêchées
pour la conquête de la Terre-Sainte, non moins
injustes, non moins barbares, avaient, en revanche, produit pour l'Europe les plus salutaires
résultats. Les lettres, les arts, le commerce fleu-
rissent à Pise, à Florence, à Venise. Tous les
essais de la liberté occupent une population in-
dustrieuse et riche. Trois siècles vont offrir sous
ce rapport le plus intéressant des spectacles. Les
papes deviennent des princes voluptueux : ils
ont tous les vices des séculiers, mais ils songent

peu à la pureté de la foi et cessent de poursuivre les opinions religieuses, du moins en Italie. S'ils sont cruels, ils le sont comme politiques, non, comme chrétiens. La persécution repose : elle ne se réveillera qu'à l'époque du concile de Trente. Alors une vie plus austère honorera le Saint-Siége, mais avec l'austérité des mœurs la persécution viendra s'asseoir sur le trône pontifical.

C'est ici, c'est dans ce point de l'histoire moderne, dans ce détroit entre deux âges, d'un esprit si opposé, que doit se placer l'écrivain qui veut juger avec justesse la question récemment élevée parmi nous de l'indifférence en matière de religion. Assurément je n'évite pas ici la difficulté puisque je place le point d'examen dans la personne même du chef de l'Eglise. Lequel est le plus désirable pour le bonheur du genre humain, d'un pontife zélé pour la pureté de la foi ou d'un pape indifférent sur les détails de la croyance chrétienne? Si le zèle n'exclut pas la tolérance, nous bénissons le pontife qui réunira ces deux précieuses qualités : c'est celui que nous demandons au ciel. Si la tolérance est incompatible avec le zèle, nous nous garderons de maudire le pontife qui agit d'après sa conscience, mais nous plaindrons son erreur et nous pleu-

rerons sur le sort de l'humanité. Des raisonnemens, passons aux faits. Avant le concile de
Trente, le Saint-Siége, à un petit nombre d'exceptions près, offre une suite de pontifes débauchés et cruels, dont les opinions religieuses pourraient même être justement suspectes, si on devait toujours juger la foi par les œuvres. Ces
pontifes, qui déshonorent la religion par leurs
mœurs, ne la déshonorent pas moins par leurs
actes, car ils en font l'instrument de leur puissance temporelle. C'est à leur politique, comme
princes, qu'ils font servir l'autorité sainte dont
ils sont revêtus comme pontifes. L'Eglise rougit
des vices, des crimes qui souillent le sanctuaire
et le nom d'Alexandre VI les rappelle tous. Nous
devons donc, comme chrétiens, nous réjouir de
voir une salutaire réforme épurer les mœurs du
clergé, de voir surtout le siége de Saint-Pierre
occupé désormais par des pontifes, dont la conduite réservée et décente ne peut qu'édifier les
fidèles. Mais cette louable austérité de mœurs se
bornera-t-elle à employer contre l'erreur les
armes de la persuasion et l'éloquence de l'exemple? Il n'en sera pas ainsi. Paul IV redonne au
tribunal de l'inquisition l'activité qu'il avait perdue et montre de nouveau à l'Italie des hérétiques livrés aux flammes ou immolés sur les

échafauds. Pie IV, Pie V et Grégoire XIII marchent sur ses traces : tous trois poursuivent impitoyablement l'hérésie, et en Italie et dans les pays étrangers : ils excitent et secondent Philippe II, proscripteur des Juifs dans l'Arragon, des Maures à Grenade, des protestans en Flandre. Pie V applaudit particulièrement aux sanglantes exécutions des Pays-Bas. Pour prix des cruautés du duc d'Albe, il lui envoie le chapeau et l'estoc garni de pierres précieuses, présent jusqu'alors réservé aux têtes couronnées. Urbain VII, Grégoire XIV, Innocent IX unissent aux mêmes vertus privées, la même ardeur pour le maintien de la pureté des doctrines. Tandis que le Saint-Siége est ainsi honoré par la décence de mœurs des souverains pontifes, la puissance ecclésiastique lance les foudres spirituelles contre Elizabeth et contre Henri IV : elle défend aux Français de reconnaître Henri IV : elle délie les Anglais du serment de fidélité qu'ils ont prêté à Elizabeth. Elle avait fait plus : elle avait applaudi au massacre des protestans, en France sous Charles IX et Henri III, en Angleterre, sous le règne de Marie. Partout on la trouve prêchant la rigueur et excitant les princes à la persécution. Si l'option pouvait être donnée aux peuples entre le prélat débauché, mais indifférent sur les questions de croyance, et le prélat austère, mais persécuteur par zèle pour l'orthodoxie, qui doute qu'ils ne préférassent Alexandre VI à Sixte-Quint? Je suis bien éloigné d'admettre la supposition que ces papes si austères aient pu faire entrer des calculs politiques dans les éclats de leur zèle religieux : je crois ce zèle exempt d'alliage, mais par cela même il est plus dangereux et plus à craindre.

On objectera peut-être que les crimes politiques des papes indifférens sur la religion compensent les maux que peut causer le zèle ardent d'un pape dont la vie est pure et austère. L'objection n'est pas fondée. Il n'y a point de parité entre les crimes commis par les voies humaines, et les crimes dans lesquels les papes peuvent mettre en jeu la conscience trompée de tous les peuples chrétiens. D'ailleurs les papes, qui, avant le concile de Trente, étaient presque tous cruels et débauchés, n'étaient pas destinés à n'avoir jamais que des successeurs qui leur ressemblassent. Tels étaient alors aussi les princes temporels, les rois et les empereurs. Les mœurs générales s'étant épurées, le Saint-Siége eût été, comme tous les autres trônes, rempli par des hommes moins dépravés et moins sanguinaires ; nous aurions eu ce que nous avons aujourd'hui,

25.

la pureté des mœurs sans persécution, et nous serions arrivés à cet état qui honore l'Eglise sans avoir passé à travers ces sanglantes proscriptions, excitées, encouragées, applaudies et sanctifiées par la cour de Rome, surtout pendant la seconde moitié du seizième siècle. L'hérésie n'a point été extirpée. Toutes les cruautés auxquelles la cour de Rome a pris part ont donc été aussi des cruautés inutiles. C'est peu que, dans toute l'Europe, l'Espagne exceptée, la persécution ait été sans succès contre l'hérésie. elle a, par un effet contraire, augmenté le mal qu'on voulait guérir. Au lieu de ramener à l'Eglise romaine ceux qui s'en étaient séparés, elle a rendu ce retour impossible et produit cette séparation pour plusieurs pays, où elle n'existait pas encore. Les princes ont profité de l'horreur que ce système de violence inspirait aux peuples pour s'affranchir eux-mêmes du pouvoir sacerdotal.

En Suède, c'était au nom du Saint-Siége, et en s'appuyant d'une bulle qui avait mis ce royaume en interdit, que Christiern II, secondé des prélats chargés de l'exécution de cette bulle, avait fait condamner comme hérétiques et livré à ses bourreaux quatre-vingt-quatorze sénateurs, des plus distingués du royaume. L'indignation publique se souleva tout ensemble contre la ty-

rannie de Christiern et contre l'Église romaine,
qui autorisait de pareils forfaits. Le vengeur de
la Suède, Gustave Vasa, tire parti de cette favo-
rable disposition pour la délivrer en même temps
de toutes les tyrannies. Il rencontre une vive résistance dans le clergé et la noblesse, mais c'est
au corps de la nation qu'il a voué son existence,
et il brave l'opposition des deux ordres supérieurs, soutenu, comme il est sûr de l'être, par
la bourgeoisie et les paysans. Le luthéranisme est
établi en Suède.

Il ne tardera pas non plus à s'établir en Danemarck. Le successeur de Christiern, Frédéric I$^{er}$, commence par donner à ses peuples la
liberté de conscience qu'ils réclament et il la
leur donne malgré les efforts contraires des évêques. Ceux-ci continuant à vouloir entraver les
vues du gouvernement, Christian III supprime
entièrement le culte public de l'Église romaine.
Ainsi l'excès des prétentions de l'Église romaine
à partout contribué à l'affaiblissement de sa
puissance et c'est pour n'en avoir pas su res-
treindre les écarts qu'elle a vu se dérober à
son influence la plus grande partie de l'Europe.
En plusieurs pays, les proscriptions religieuses
ont fini par être un bienfait : c'est l'amour de la
liberté de conscience qui a conduit les peuples

à la liberté politique : un même effort les a dé-
livrés en même temps du despotisme sacerdotal
et du despotisme royal; témoins les Pays-Bas et
l'Angleterre. Il est impossible de ne pas voir
une ressemblance frappante entre le mouvement
qui porta les peuples à la liberté religieuse,
et celui qui les porte aujourd'hui à la liberté politique et civile. Le mouvement du
siècle actuel est irrésistible comme le fut celui
des siècles précédens. La sagesse de la part des
gouvernemens consisterait à faire de bonne grâce
ce qu'exigera d'eux un peu plus tard l'impé-
rieuse nécessité. La liberté politique a eu sa
guerre de trente ans comme la liberté de conscience. Quel fut le résultat de la première? D'admettre le culte de la religion réformée. Que demandent aujourd'hui les peuples? les avantages
d'une administration réformée. Il faut que les
princes se décident à leur faire sans difficulté cette concession ou bien que, pour s'y
refuser avec quelque espoir de succès ou même
pour pouvoir temporiser encore, ils consentent
à devenir, sous le rapport politique, ce qu'ont été
sous le rapport religieux Philippe II pour les
Pays-Bas, Ferdinand II pour la Bohême,
Charles IX pour la France, et Marie pour l'Angleterre.

FIN DU PREMIER VOLUME.

www.ingramcontent.com/pod-product-compliance
Lightning Source LLC
Chambersburg PA
CBHW070802270326
41927CB00010B/2260